*Next age
l'ashram*

Realizzazione editoriale:
a cura di Edimedia Sas, via Orcagna 66, Firenze

I testi sono parzialmente tratti da *Aura* di S. Costanzo, Demetra, 1996; *Chakra* di F. Nocentini, Giunti, 2006 (pp. 44-53); *Nuovo manuale di Pranoterapia* di A. Zanino, Demetra, 1999 (p. 28); *Cristalli* di V. Beggio, Giunti, 2006 (p. 106).

www.giunti.it

© 2008 Giunti Editore S.p.A.
Via Bolognese 165 - 50139 Firenze - Italia
Via Dante 4 - 20121 Milano - Italia
Prima edizione: ottobre 2008

Ristampa	Anno
6 5 4 3 2 1	2014 2013 2012 2011 2010

Stampato presso Giunti Industrie Grafiche S.p.A. - Stabilimento di Prato

Aura

Energia luminosa

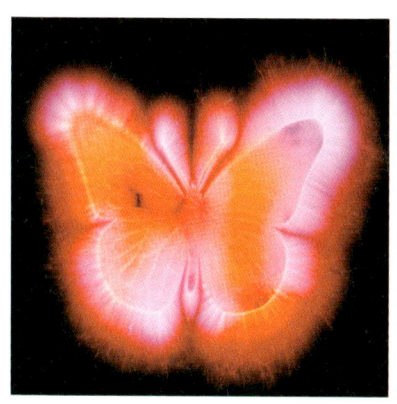

Sommario

I SEGRETI DELL'AURA

La storia,
le origini e le ricerche 8

Descrizione dell'aura 22
Aura eterica 24
Aura emotiva 25
Aura mentale 26
Aura astrale 30
Aura eterica "matrice" 34
Aura celestiale 36
Aura causale 36

I chakra: vortici di vita 40

Leggere i chakra
con il pendolino 44

SAPER VEDERE L'AURA

I segreti
della visualizzazione 56

Esercizi per vedere l'aura umana . 58
*Esercizi per vedere
i campi energetici universali* 66

SAPER LEGGERE L'AURA

Decifrare
i messaggi dell'aura 72
L'ambiente in cui esercitarsi 72
La "cavia" 74
La lettura 78
Inconvenienti 78
Prime osservazioni 79
Aura eterica 80
Aura emotiva e astrale 83
Aura mentale 84
Aura eterica "matrice" 86
Aura celestiale 86
Aura causale 86

Percezione
dei colori dell'aura 87

Rosso	88
Arancione	91
Giallo	92
Verde	94
Blu	95
Viola	96
Grigio	98
Nero	99
Bianco	99

I segni
e le macchie dell'aura 102
- *I blocchi* 102
- *Gli strappi* 103
- *Le perdite* 103
- *Le macchie* 103
- *I lampi e le scintille* 105

Percezione
tattile e uditiva 108

Preliminari	108
Palpazione eterica	111
Percezione uditiva	112

TERAPIE SULL'AURA

Curare
il campo energetico 116
- *Cura con la luce* 116
- *Cura con il suono* 119

Misurare l'aura:
energy scanner 122

Bibliografia 127

I segreti dell'aura

L'aura è l'"anello mancante" che potrebbe collegare la biologia e la medicina tradizionale con la psicoterapia. Essa è infatti il "luogo" delle emozioni, dei pensieri, dei ricordi e degli schemi comportamentali...

Barbara Ann Brennan

La storia, le origini e le ricerche

I segreti dell'aura si perdono nella notte dei tempi: fin dagli albori della civiltà, l'uomo ha immaginato, percepito e "sentito" un'energia indefinibile, luminescente, vitale e curativa attorno a sé.

Vi sono talvolta parole che, pur essendo di uso corrente, hanno un significato che non è ben chiaro neppure alle stesse persone che le pronunciano. È un fenomeno che si verifica in genere quando certi vocaboli, che un tempo ebbero una discreta diffusione, esprimono concetti che non trovano più spazio nell'attuale cultura: accade allora che la parola continui a essere adoperata in certe espressioni e modi di dire, senza che nessuno se ne chieda il significato autentico.
È il caso del termine "aura", che dà il titolo a quest'opera. Si sentono a volte definire le persone con cui si viene in contatto con affermazioni di questo genere: «Sprigiona un'aura rassicurante (o aggressiva o, ancora, amorevole)». Simili espressioni hanno un senso che si intuisce, ma ben pochi sono coloro i quali sono in grado di definire tale termine correttamente.
Non è sempre stato così: l'uomo ha costruito una lunga tradizione di studi sul campo energetico umano (o aura) fin dalla notte dei tempi. Già nel III millennio a.C, in India si parlava di prana, una forma

di energia che conferiva l'afflato vitale a tutti gli esseri penetrandoli e circondandoli. Furono proprio tali conoscenze a rendere possibile la messa a punto di tecniche terapeutiche fondate sulla manipolazione dei flussi energetici, o prana, che circondano il corpo umano. Tali tecniche presero conseguentemente il nome di pranoterapia. Della stessa natura doveva essere il concetto che i Cinesi espressero a partire dal II millennio a.C e che chiamarono *ch'i*. In particolare tale forza era costituita da due componenti distinte, lo yin e lo yang, le quali dovevano essere in equilibrio affinché l'uomo godesse di buona salute.

Infatti un prevalere dello yang conduce a uno stato di iperdinamicità dell'organismo; al contrario, un eccesso di yin porta all'insufficienza organica. Su tali basi si fondava, e si fonda tutt'oggi, l'agopuntura, che è una terapia volta a ristabilire l'equilibrio nel fisico del paziente. Non solo le grandi tradizioni filosofiche e mistiche orientali erano convinte dell'esistenza dell'aura, ma anche molte di quelle occidentali. Nel V secolo a.C due culture occidentali, per molti versi differenti fra loro, giunsero alla conclusione che una qualche forma di energia pervadesse tutto il creato. Gli Ebrei la spiegarono attraverso la *Cabala*, uno dei loro più importanti testi mistici, descrivendola come una luce astrale emanata dal corpo umano. Tale convinzione sopravvisse, anche se inconsapevolmente, nel Cristianesimo, i cui seguaci amano rappresentare il loro Dio e i santi circondati da un'aureola o avvolti in una luce opalescente.

Nello stesso periodo, in Grecia, i pitagorici sostenevano l'esistenza di un tipo di energia che pervade tutta la natura e che si manifesta come un corpo luminoso; essi pensavano inoltre che questa producesse vari effetti (tra cui quello curativo) sul corpo fisico.

Anche nei secoli successivi le ricerche e le speculazioni sui campi energetici fiorirono numerose grazie soprattutto ad alchimisti come Paracelso, il quale chiamò tale forma di energia *iliaster*, o a matematici come Helmont, che postulò l'esistenza di un fluido capace di permeare tutta la natura. In questo periodo, compreso fra il XVI e il XVIII secolo, il personaggio che si impegnò maggiormente per scoprire l'esistenza del fluido vitale fu Franz Anton Mesmer. Egli sviluppò una teoria secondo la quale tutte le cose dell'universo, e quindi anche il corpo umano, sarebbero attraversate da un flusso invisibile di corrente magnetica. Mesmer sosteneva che la salute di un individuo dipende dall'equilibrio fra il fluido interno al soggetto e quello esterno; per riequilibrare tali fluidi usava nel suo studio medico tinozze di quercia dotate di aste di ferro magnetizzate.

Con il tempo scoprì, però, che non erano i magneti a guarire i propri pazienti, bensì la propria capacità di suggestionare le loro menti. Nonostante che le teorie di Mesmer si fondassero su presupposti scientificamente errati, i suoi esperimenti furono molto utili perché condussero alla scoperta dell'ipnosi (detta anche mesmerismo) e dell'interazione a distanza fra le menti degli individui.

> *I vostri occhi fisici vi inducono erroneamente a pensare che questo mondo di dualità sia reale. Aprite il vostro occhio spirituale e vedete la vostra forma invisibile. Se, nel silenzio interiore, il vostro occhio spirituale è aperto, l'invisibile diviene visibile.*
>
> Paramahansa Yogananda

Fenomeni spiegabili con la presenza di un campo energetico simile a quello elettromagnetico.
Con l'inizio del XX secolo alcuni medici incominciarono a studiare più in profondità il fenomeno dell'aura. Uno dei primi e più compiuti studi fu condotto dal dottor William Kilner, un medico che lavorava all'ospedale St. Thomas di Londra, negli anni Dieci-Venti. Nei suoi scritti dichiarò di aver chiaramente visto una luminescenza attorno al corpo dei propri pazienti grazie all'uso di schermi appositamente pigmentati di blu. Quella che in seguito chiamò aura si divideva in tre strati: il primo, adiacente alla cute, era dello spessore di circa mezzo centimetro e di colore scuro; il secondo, che avvolgeva il primo, era più chiaro, più rarefatto e sporgeva dal corpo di un paio di centimetri; infine, una tenue luminescenza dai contorni incerti racchiudeva le altre due e si estendeva per tre centimetri circa. Nonostante le aure dei pazienti avessero tutte questa configurazione di base, differivano tra loro in modo significativo in relazione all'età, al sesso, allo stato mentale e alla salute. Le malattie, in particolare, potevano offuscare l'aura oppure macchiarla con delle chiazze più scu-

> *Voi siete esseri di energia. La vostra coscienza, l'esperienza dell'Essere, ciò che realmente siete, è energia. Per ora, chiamiamola "Energia vitale". La vostra coscienza è connessa con ogni cellula del vostro corpo. Attraverso la coscienza voi potete comunicare con ogni organo e ogni tessuto e innumerevoli terapie si basano appunto su questa comunicazione con gli organi affetti da un sintomo o una patologia.*
>
> Martin Brofman

re. Queste osservazioni portarono Kilner ad approntare un sistema diagnostico basato sull'osservazione della forma, dei colori e della densità dell'aura. In questo modo riuscì a diagnosticare malattie come tumori, infezioni epatiche, appendiciti, malattie psichiche e molte altre. In modo analogo, due studiosi statunitensi, la dottoressa Ruth Drown e il dottor George De La Warr, cercarono, intorno alla metà di questo secolo, di diagnosticare le malattie attraverso la lettura dell'aura fotografata tramite lastre appositamente preparate. Quelle più interessanti ritrassero il campo energetico dei capelli di alcuni pazienti, che apparve simile a delle antenne. Queste immagini rivelarono diverse patologie interne, e permisero di diagnosticare correttamente tumori, cisti del fegato, focolai di tubercolosi, ma anche eventi più piacevoli come la formazione di un feto nel grembo materno. Il metodo più celebre e usato per testimoniare l'esistenza del-

> *Questa energia, che è la vostra coscienza e che ne riflette lo stato, può essere misurata attraverso un processo noto come fotografia Kirljan. Quando fate una fotografia Kirljan della vostra mano, questa mostra un certo schema energetico. Se fate una seconda foto Kirljan immaginando di mandare amore ed energia a qualcuno che conoscete, il risultato sarà uno schema energetico diverso. Quindi, possiamo vedere che un cambiamento nella vostra coscienza genera un cambiamento nel campo di energia che si sta fotografando, che denominiamo aura. Questo campo energetico è stato quantificato; quando per esempio ci sono dei "buchi" in punti particolari del campo energetico, significa che c'è una corrispondente debolezza in certe parti del corpo fisico.*
>
> Martin Brofman

l'aura è sicuramente quello approntato dai coniugi Valentina e Semion Kirljan. Nel 1939 Semion Kirljan lavorava all'ospedale di Krasnodar, in Unione Sovietica, in qualità di addetto alle attrezzature. Grazie a questo suo impegno aveva la possibilità di dedicarsi ai suoi esperimenti, al termine dei quali costruì un insolito apparecchio fotografico atto a rilevare gli oggetti immersi in un campo elettromagnetico ad alta frequenza. Il primo soggetto che egli fotografò con questo metodo fu la sua mano che si rivelò, all'atto dello sviluppo delle lastre, contornata da una strana luminescenza che si espandeva oltre la punta delle dita. Incuriosito dall'evento, coinvolse anche la moglie negli esperimenti e insieme fotografarono un numero crescente di soggetti animati e inanimati.

Notarono che la luminescenza delle mani variava con il variare dello stato di salute sia fisica che psichica dell'individuo; videro che una

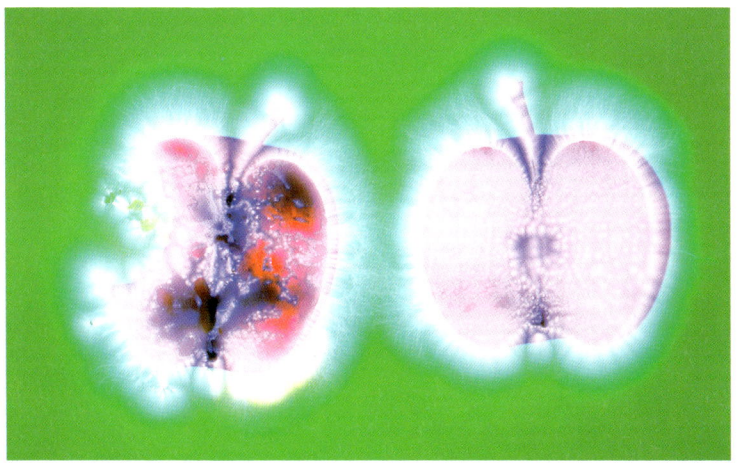

Fotografia Kirljian di due metà di una mela. L'effetto Kirljan si ottiene applicando un'alta tensione elettrica a una pellicola fotografica.

foglia appena colta presentava un'aura luminosa lungo i suoi bordi e una quantità di corpuscoli, sempre luminosi, sulla sua superficie, mentre un oggetto inanimato, come un pezzo di metallo, aveva un'aura appena percettibile e fioca. Fu particolarmente interessante un esperimento condotto da alcuni collaboratori dei Kirljan: essi strapparono la parte superiore di una foglia e quindi la fotografarono. Sulla lastra appariva l'alone luminoso che riproduceva i contorni originari della foglia, come se questa non avesse subito menomazioni. Solo dopo la guerra, però, i due ricercatori ebbero un sussidio governativo per proseguire le loro ricerche e, grazie a questo, poterono continuare le prove su lastre a colori. A questo punto l'interesse dell'opinione pubblica aumentò soprattutto nei Paesi dell'Europa dell'Est, dove si produssero numeroso studi sull'energia vitale. In particolare uno studioso russo, Viktor Inyushin, la descrisse in termini di bioplasma. Lo scienziato sosteneva che esistano non quattro, bensì cinque stati della materia, e che il quinto sia proprio il bioplasma, il quale, a sua volta, fa parte del biocampo di ogni organismo. Il bioplasma avvolge tutto il corpo, ma si addensa particolarmente lungo il midollo spinale e il cervello; esso è in grado di trasferire energia da una parte all'altra del corpo, così come può trasferirla ad altri soggetti. Queste proprietà sono dovute all'alta conducibilità della struttura bioplasmatica formata da ioni, elettroni e protoni liberi.
Nei Paesi occidentali questo tipo di ricerche ha avuto generalmente poca fortuna, almeno fino a qualche anno fa, ma è possibile intuire dalla lettura di alcuni esperimenti condotti sulle esperienze extracorporee che vi sono, anche in Occidente, scienziati convinti dell'esistenza di una qualche forma di energia universale. I soggetti che hanno vissuto tali esperienze affermano di essere stati proiettati al di fuori

Fotografia Kirljan di una foglia. In fisica questo effetto è noto col nome di effetto corona.

del proprio corpo fisico e di aver visto se stessi e l'ambiente circostante da questa nuova prospettiva. Inoltre il soggetto è perfettamente lucido e in grado di avere percezioni che normalmente gli sono precluse.
In una ricerca antropologica si afferma che il 95 per cento delle culture presenta descrizioni di esperienze extracorporee e che queste sono molto simili tra loro. Il testo più significativo, anche se per molti versi ormai superato, su tali esperienze e sull'aura fu scritto nel 1929 da Hereward Carrington e da Sylvan Muldoon. Essi affermarono l'esistenza di un corpo diverso da quello fisico – il corpo astrale – in accordo con le più antiche teorie tramandate dai testi sacri dell'Induismo. Nell'introduzione gli autori sintetizzarono i concetti di corpo astrale e di proiezione astrale. Il primo coincide perfettamente con il corpo fisico nelle ore di veglia, mentre durante il sonno se ne

distacca più o meno sensibilmente, librandosi sopra di esso. Il fenomeno, che in genere è involontario, si verifica in particolare durante casi di shock, di trance o sotto l'effetto di anestetici. Vi sono casi in cui, però, la proiezione astrale avviene consapevolmente e il soggetto è in grado di comandare il corpo astrale. I due corpi sono sempre uniti da un cordone attraverso il quale passano le correnti vitali; qualora tale cordone venisse reciso, il soggetto perderebbe la vita. Come si diceva in precedenza, la consapevolezza che potesse esistere un campo energetico vitale era presente anche in Occidente, seppure in maniera meno viva che nei Paesi dell'Est. Fu solo con gli anni Settanta che iniziarono, presso università americane, ricerche scientifiche finalizzate a verificare l'esistenza dell'energia universale e dell'aura. La dottoressa Thelma Moss importò la fotografia Kirljan negli Stati Uniti per verificarne l'efficacia e per controllare nei laboratori oc-

Chi abbia consuetudine con la propria intimità, scorge le aure nel mondo esterno; chi si ignora, chi non abbia mai avuto un sogno fatidico può passare accanto a esse e neanche voltarsi. È vero anche l'inverso: di aure si nutre la vita interiore. Chi mai non ne incontri, non visiti mai un luogo geniale, non meraviglia di essere demònici, diverrà arido e inquieto, in attesa non sa nemmeno lui di che cosa, mendicherà emozioni, chiederà ebbrezza, meraviglia a comando dell'alcool e della droga. Un'esistenza interiore felice è un costante rimembrare gl'incontri con aure nella propria esperienza, se si è individui; nella vita della comunità, se si è creature di una stirpe.

Elémire Zolla

cidentali le sensazionali voci che giungevano da oltre cortina. Dopo alcuni tentativi andati a vuoto, gli esperimenti riuscirono anche ai ricercatori statunitensi che, oltre a riprodurre i risultati ottenuti in Unione Sovietica, ne ottennero di nuovi.
Una delle più importanti ricerche compiute sull'aura è dovuta alla dottoressa Valorie Hunt e alla sua équipe all'UCLA (University of California and Los Angeles). La ricerca si svolse sfruttando lo studio sugli effetti psicofisici del rolfing, un tipo di massaggio profondo. Attraverso degli elettrodi applicati sulla cute del soggetto sottoposto a tale trattamento, si rilevarono dapprima segnali elettrici a bassissimo voltaggio. Nello stesso tempo una sensitiva leggeva l'aura dei soggetti annotando le proprie osservazioni. Quindi gli scienziati analizzarono con modelli matematici le onde registrate. I risultati furono perfettamente coincidenti: i colori, la forma, la frequenza rilevati dalla sensitiva erano del tutto uguali a quelli ottenuti tramite l'analisi matematica. A scopo di verifica, la dottoressa Hunt interpellò altri sette sensitivi, i quali percepirono gli stessi colori e le stesse forme evidenziati nella precedente esperienza. Come si vede, vi sono molti elementi che fanno ritenere probabile l'esistenza di un campo energetico umano immerso in quello universale; certo è, però, che la scienza occidentale non ha espresso nessuna sentenza definitiva in merito. Ma anche in assenza di sentenze definitive si può essere ben lieti di apprendere concetti così affascinanti.

Tutto inizia nella vostra coscienza. Tutto ciò che accade nella vostra vita e nel vostro corpo comincia con qualcosa che è successo nella vostra coscienza.

Martin Brofman

Descrizione dell'aura

Il nostro corpo fisico è circondato da sette corpi, o strati, ognuno dei quali presiede a specifiche funzioni e assolve determinati compiti, sia di ordine fisico che psichico o energetico.

Il campo energetico universale, dunque, sovrasta quello umano ed è inoltre detto "sottile" in quanto si colloca a metà strada fra il regno materiale e quello energetico. Esso avvolge tutti gli oggetti nello spazio e la sua intensità varia a seconda della distanza dalla fonte. Un'altra sua importante caratteristica è data dal fatto che esso non risponderebbe al secondo principio universale della termodinamica, secondo il quale l'entropia, cioè la tendenza generale al disordine e alla decadenza materiale, sarebbe in costante aumento all'interno di un sistema. Esso invece si rigenererebbe in continuazione nonostante vi si possa attingere senza limiti. Il campo energetico, detto anche aura, è diviso in diversi strati che si irradiano dal corpo, lo circondano e si compenetrano.

Gli strati, con l'allontanarsi dal corpo, diventano sempre più sottili e le vibrazioni a cui danno luogo aumentano di frequenza. È sbagliato dire – come alcuni fanno – che i campi aurici si dispongano come gli strati di una cipolla, poiché in realtà ognuno di essi penetra e si estende al di fuori della superficie cutanea.

I sette strati presentano caratteristiche diverse fra loro e, in particolare, si possono individuare due tipi di struttura: i campi dispari hanno una precisa struttura e una forma specifica, mentre quelli pari sono costituiti da una sostanza informe e fluttuante. Agli occhi dei sensitivi gli strati dispari appaiono formati da raggi luminosi stabili e rilucenti; quelli pari, invece, si presentano sotto differenti forme: il secondo appare simile a un gas, il quarto a un fluido, il sesto a un alone luminoso.

Proprio i campi pari sembrano rispondere alle caratteristiche individuate nella forma di energia chiamata bioplasma. In definitiva, l'aura umana si struttura come una matrioska avente alcuni strati fissi e rigidi (quelli dispari), ed altri fluttuanti lungo il percorso descritto dai primi. Tutti i campi inoltre interagiscono fra loro influenzandosi reciprocamente.

Se gli strati del campo energetico umano sono sani, forti e carichi, l'individuo sarà in grado di condurre una vita felice in ogni suo aspetto. Se, al contrario, uno o più strati si trovano in condizioni di squilibrio, egli avvertirà notevoli difficoltà sia fisiche che psichiche, dal momento che ogni strato presiede al buon funzionamento dei vari organi e determina le caratteristiche psicofisiche del soggetto.

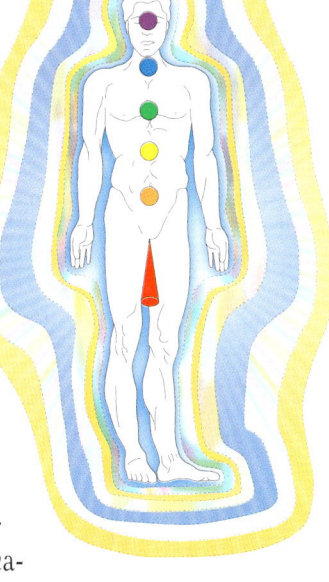

I sette livelli dell'aura.

Aura eterica

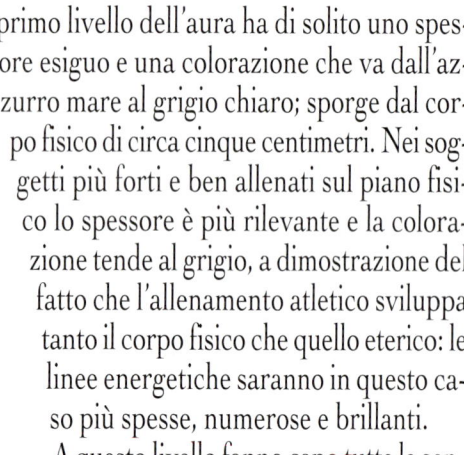

Il primo livello dell'aura ha di solito uno spessore esiguo e una colorazione che va dall'azzurro mare al grigio chiaro; sporge dal corpo fisico di circa cinque centimetri. Nei soggetti più forti e ben allenati sul piano fisico lo spessore è più rilevante e la colorazione tende al grigio, a dimostrazione del fatto che l'allenamento atletico sviluppa tanto il corpo fisico che quello eterico: le linee energetiche saranno in questo caso più spesse, numerose e brillanti.

A questo livello fanno capo tutte le sensazioni fisiche sia piacevoli che dolorose. Esso è infatti una sorta di barometro della vitalità fisica o un indicatore delle riserve energetiche di un organismo. Nello stesso istante in cui proviamo dolore fisico, si produce una disfunzione al primo livello dell'aura. Se il corpo eterico è forte si godrà di una buona salute fisica e si percepiranno le sensazioni che accompagnano tale stato: vigoria fisica, piacere nel contatto fisico, vita sessuale soddisfacente, appetito e sonno regolari e così via. In tal modo il primo livello si rinforza assieme al corpo fisico. Se il primo livello del campo energetico è invece debole, neppure l'organismo godrà di buona salute e le esperienze fisiche provocheranno più che altro repulsione e insoddisfazione.

Più spesso sono solo alcune esperienze a risultare sgradevoli, mentre altre rimangono allettanti. La scarsa attivazione del campo eterico tenderà a renderlo sempre più debole e con esso si indebolirà il corpo fisico.

Aura emotiva

Questo corpo segue il contorno del corpo fisico, ma è più fluido dell'aura eterica. A differenza di questa, non ricalca fedelmente le linee del corpo fisico, bensì è composto da addensamenti di una sostanza vivacemente colorata in costante fluttuazione; sporge dall'organismo di circa una decina di centimetri.

Il secondo strato è collegato con la consapevolezza delle proprie emozioni e dei propri sentimenti. Tutti i movimenti dell'energia astrale sono collegati a qualche sentimento che il soggetto prova verso se stesso. La colorazione dell'aura varia a seconda della natura di tali sentimenti: se sono positivi, gli addensamenti energetici, simili a nuvole, hanno una colorazione vivace e ricca di tonalità, se invece sono negativi, danno luogo ad addensamenti più cupi e meno brillanti.

Questa parte dell'aura umana può essere di qualsiasi colore; le nuvole di energia da cui è composta scorrono lungo le linee strutturali del primo livello dell'aura.

Chi guarda a se stesso con serenità potrà mantenere la sua aura equilibrata, e le energie negative verranno naturalmente dissolte e trasformate. L'impedimento nel provare emozioni verso se stessi blocca il flusso di energia del secondo livello e crea così un ristagno segnalato nell'aura da addensamenti scuri e opachi.

Il problema si riflette anche sul corpo fisico, infatti tali blocchi impediscono un corretto funzionamento dell'organismo. Se il corpo emotivo si presenta carico e vitale, ciò significherà che il soggetto nutre un buon rapporto con se stesso, ossia si sente a proprio agio con se stesso. Se, invece, il corpo emotivo è scarico e debole, è possibile che non si percepiscano i propri sentimenti o che si sia inconsapevoli di nutrirli.

Una colorazione intensa, ma scura e stagnante, indica che il soggetto prova nei propri confronti sentimenti molto negativi, come l'odio, perciò egli vive in uno stato di depressione.

Aura mentale

Il corpo mentale si manifesta solitamente come un'intensa radiazione luminosa di colore bianco-giallo attorno al capo e alle spalle, da dove discende lungo tutta la persona; il suo spessore è di circa venti centimetri. Il terzo livello aurico presiede all'attività razionale e mentale. La sua energia scorre lungo delle linee luminose fisse che corrispondono ai processi e agli stati mentali. Se tale livello è forte ed equilibrato, la mente risulta lucida e pronta per l'apprendimento. In tali condizioni la mente razionale e quella intuitiva operano congiuntamente e in armonia, facendoci sentire sicuri e a nostro agio. Se il terzo strato è scarico e squilibrato, probabilmente il soggetto nutrirà scarso interesse a sviluppare il proprio intelletto e avrà poca lucidità mentale.

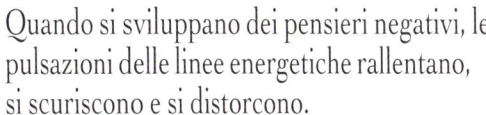

Quando si sviluppano dei pensieri negativi, le pulsazioni delle linee energetiche rallentano, si scuriscono e si distorcono.
Lo squilibrio fra i diversi strati dell'aura può portare ad alcuni inconvenienti sia a livello fisiologico che psicologico.
Se, per esempio, il terzo livello è forte, mentre gli altri due sono deboli, il soggetto tenderà a risolvere i propri problemi solo con l'ausilio della ragione senza tenere in considerazione i sentimenti; il che costituirà un limite alle sue esperienze. I pensieri negativi possono anche derivare dalla pressione esercitata sul terzo strato dai due adiacenti (il secondo e il quarto), qualora in questi si verifichino dei ristagni di energia. Se si bloccano i sentimenti, siano essi positivi o negativi, il flusso energetico risulterà congestionato ed eserciterà una notevole pressione sul terzo strato, distorcendolo. Tenendo presente che lo stato naturale di qualsiasi energia è dinamico, un blocco negli strati secondo e quarto si ripercuoterà sul terzo, distorcendone l'attività.

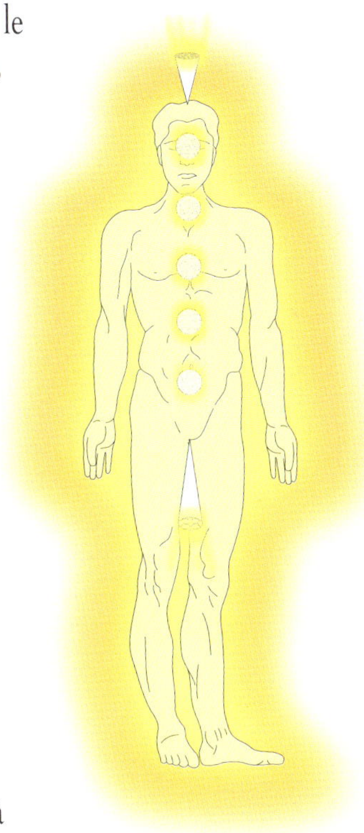

La malattia è una risposta specifica alla domanda: "A cosa mi serve questo dolore?"

Barbara Ann Brennan

Ricaricarsi di prana

Per assorbire l'energia vitale da un sistema vegetale (bosco, prato o foresta che sia), ci si deve porre davanti a esso con le braccia protese in avanti praticando la respirazione profonda: i polmoni non si dovranno aerare solo in parte, ma dovranno riempirsi d'ossigeno completamente, in modo da saturare la cavità toracica. Inoltre, si deve utilizzare la cosiddetta respirazione diaframmatica che si pratica abbassando e comprimendo gli organi sottostanti. Nello stesso tempo si pensa che il prana ci investa e si immagina che il corpo si riempia di energia attraverso l'afflusso di aria. Il prana si raccoglie anche con le mani: queste durante l'inspirazione lo raccoglieranno, mentre durante l'espirazione lo plasmeranno dapprima sul capo, poi sul tronco e infine oltre il bacino.

Per raccogliere l'energia vitale da un albero ci si pone addossati all'albero ben eretti con la mano sinistra appoggiata al tronco per assorbire prana e quella destra che lo convoglia nel plesso solare. Anche in questo caso, durante l'operazione bisogna praticare la respirazione profonda e immaginare che il prana compia il percorso che va dalla mano sinistra, raccoglitrice, alla mano destra, immagazzinatrice, e poi si espande in tutto il corpo. Per quanto riguarda la raccolta di energia vitale attraverso i fiumi o i ruscelli, bisogna porsi con lo sguardo verso la direzione di provenienza; la mano sinistra, protesa verso il corso d'acqua, servirà per la raccolta, mentre la destra, sul plesso solare, effettuerà l'immagazzinamento.

I monti sono un luogo molto adatto al ricaricamento pranico: il praticante dovrà, in questi luoghi, rivolgersi verso le vette e, praticando la respirazione profonda, accogliere in sé il prana sprigionato dalle diverse componenti minerali delle rocce presenti. Un ulteriore accorgimento per una migliore raccolta è quello di rivolgersi verso oriente, in quanto si beneficierà del prana veicolato dalla luce del sole che sorge.

Aura astrale

Questo strato si presenta come un fluido variamente colorato, più denso del secondo; inoltre, mentre il secondo si presenta sotto forma di nuvole multicolori, l'aura astrale è più simile a un fluido omogeneo. Si espande per circa trenta centimetri all'esterno del corpo fisico. Il quarto livello dell'aura riguarda il mondo delle relazioni con gli altri, dei sentimenti reciproci. Allorché a questo livello si manifesta un'insufficienza energetica, il fluido aurico diviene scuro e molto denso. Questo stato è molto dannoso per l'organismo perché può portare a un senso di generale spossatezza e, a lungo andare, a vere e proprie malattie.

L'energia astrale può essere trasmessa da un individuo all'altro, infatti tutte le volte che si interagisce con qualcuno, anche inconsapevolmente, archi di bioplasma vanno a toccare il campo energetico dell'altro soggetto. La natura del "collegamento" dipende dal tipo di interazione e dai sentimenti che essa suscita: fra due persone che si amano vi saranno flussi di energia senza asperità e di colore rosa, mentre sentimenti negativi come l'invidia determineranno flussi di colore verde-grigio molto cupo.

Quando i sentimenti sono molto forti la tonalità dei colori è più accesa, cosicché il rosa dell'amore diventa arancione, mentre il rosso dell'ira assume una tonalità cupa. Se il quarto livello è forte e carico, il soggetto avrà di norma rapporti interpersonali stabili e soddisfacenti: nutrirà buoni sentimenti per i propri genitori, per i propri amici, per il proprio partner e, in generale, per lui l'amore sarà il fondamento della vita. Se invece questo corpo è scarico, il rapporto con gli altri è per il soggetto di poca importanza. In questo caso egli preferirà la solitudine e tenderà a rifuggire i rapporti troppo stretti, considerandoli una fonte di fastidio. Quando nasciamo la nostra aura è collegata con quella dei nostri genitori attraverso dei cordoni simili al cordone ombelicale. Questi si sviluppano insieme all'aura durante tutta l'infanzia, determinando il modello di relazione al quale si ispireranno i rapporti con gli altri. Inoltre, tutte le volte che si instaura un nuovo rapporto si formano dei cordoni che uniscono i due soggetti. Il quarto livello costituisce un ponte di passaggio fra il mondo fisico e quello spirituale. Infatti, i primi tre livelli fanno capo al mondo fisico, emotivo e mentale; gli ultimi tre livelli, invece, costituiscono la matrice, ossia un modello, dei precedenti.

Quando una persona prova una forte emozione, nella sua aura, che fino a quel momento era in uno stato di quiete, appare all'improvviso una forma di un certo colore che è in relazione allo stato emozionale. Quando il sentimento si attenua, l'aura riprende il suo aspetto consueto e normale. La durata di questo fenomeno varia a seconda dell'individuo e dipende da vari fattori. Se la persona non dà sfogo al sentimento, questo rimane nell'aura finché lo sfogo non avverrà.

Barbara Ann Brennan

Aura eterica "matrice"

Il quinto strato dell'aura è detto corpo eterico "matrice", in quanto contiene tutte le forme del piano fisico come se fosse un modello o uno stampo: esso è dunque la matrice del livello eterico. Questo corpo sporge da quello fisico di circa sessanta centimetri.

Il corpo eterico "matrice" consiste in uno spazio vuoto nel quale può formarsi il corpo eterico (che, a sua volta, fornisce l'energia e il supporto per il corpo fisico).

Per comprendere come ciò possa verificarsi occorre immaginare che tutto lo spazio sia pieno, tranne che per la forma dell'organo, la quale costituirà uno stampo da cui trarrà vita l'individuo. Di conseguenza, questo livello, contenendo tutte le forme vuote entro le quali si determina la struttura eterica, costituisce la matrice dell'intero organismo.

Il quinto strato dell'aura ha una forma ovoidale molto allungata, nella quale si possono individuare le forme vuote di tutti gli organi, gli arti e i chakra (ossia le "porte" grazie alle quali avviene lo scambio fra energia esterna e interna dell'organismo os-

servato). Tali impronte generalmente appaiono come linee trasparenti su uno sfondo blu cobalto.

Se il quinto livello è equilibrato e forte, il soggetto si sentirà realizzato nelle cose che fa, avrà sempre la sensazione di trovarsi nel luogo giusto al momento giusto, e si sentirà in armonia con ciò che lo circonda. Molto probabilmente sarà ordinato e scrupoloso nei suoi progetti e tenderà a realizzarli fino in fondo.

Se, invece, l'aura ha delle distorsioni al quinto livello, il soggetto non sarà soddisfatto di ciò che fa e non avrà uno scopo preciso da realizzare nella vita. Spesso avrà paura di essere sfruttato dagli altri per scopi che non condivide. In particolare, se l'energia è scarsa a questo livello, l'individuo sarà piuttosto disordinato e mal giudicherà coloro che amano l'ordine, credendoli privi di personalità e di creatività; infine, troverà delle difficoltà a comprendere concetti complessi o molto articolati. La tendenza a essere ordinati diventa deleteria quando l'energia degli strati non strutturati (il secondo e il quarto, quelli emotivi) è molto debole, mentre quella degli strati strutturati (i dispari) è forte. In questo caso l'ossessione per l'ordine soffoca la creatività.

> *La felicità dipende in parte dalle condizioni esterne, ma principalmente dall'atteggiamento mentale. Per essere felici bisognerebbe avere buona salute, un lavoro adatto, mezzi sufficienti, essere equilibrati e riconoscenti, ma soprattutto avere la saggezza, cioè conoscere Dio.*
>
> Paramahansa Yogananda

Aura celestiale

Il sesto livello dell'aura è costituito da numerosi raggi luminosi che si dipartono dal centro del corpo e si irradiano fino a settanta centimetri verso l'esterno.

L'aura celestiale presenta tutti i colori dell'iride e non è strutturata.

Se l'energia di questo livello è equilibrata e forte, i raggi sono perfettamente rettilinei e molto intensi.

Questo stato aurico presiede all'emotività spirituale, all'amore verso il divino e all'estasi; esso favorisce quindi la meditazione e la preghiera.

Se la sua energia è scarsa, il soggetto incontrerà molte difficoltà nel provare esperienze mistiche e, anzi, farà fatica a comprendere quelle degli altri. I raggi che emana non sono rettilinei, ma si incurvano, e la loro luce è fioca e scarsa. Chi possiede una carica energetica molto elevata al sesto livello tende a seguire la propria spiritualità in modo da sottrarsi a tutte le esperienze fisiche. Per caricare il sesto livello dell'aura e accedere alle esperienze spirituali occorre praticare con costanza le tecniche meditative.

Aura causale

Questo livello, che sporge dal corpo fisico di circa un metro, è costituito da linee dorate e molto intense che si intrecciano, delineando

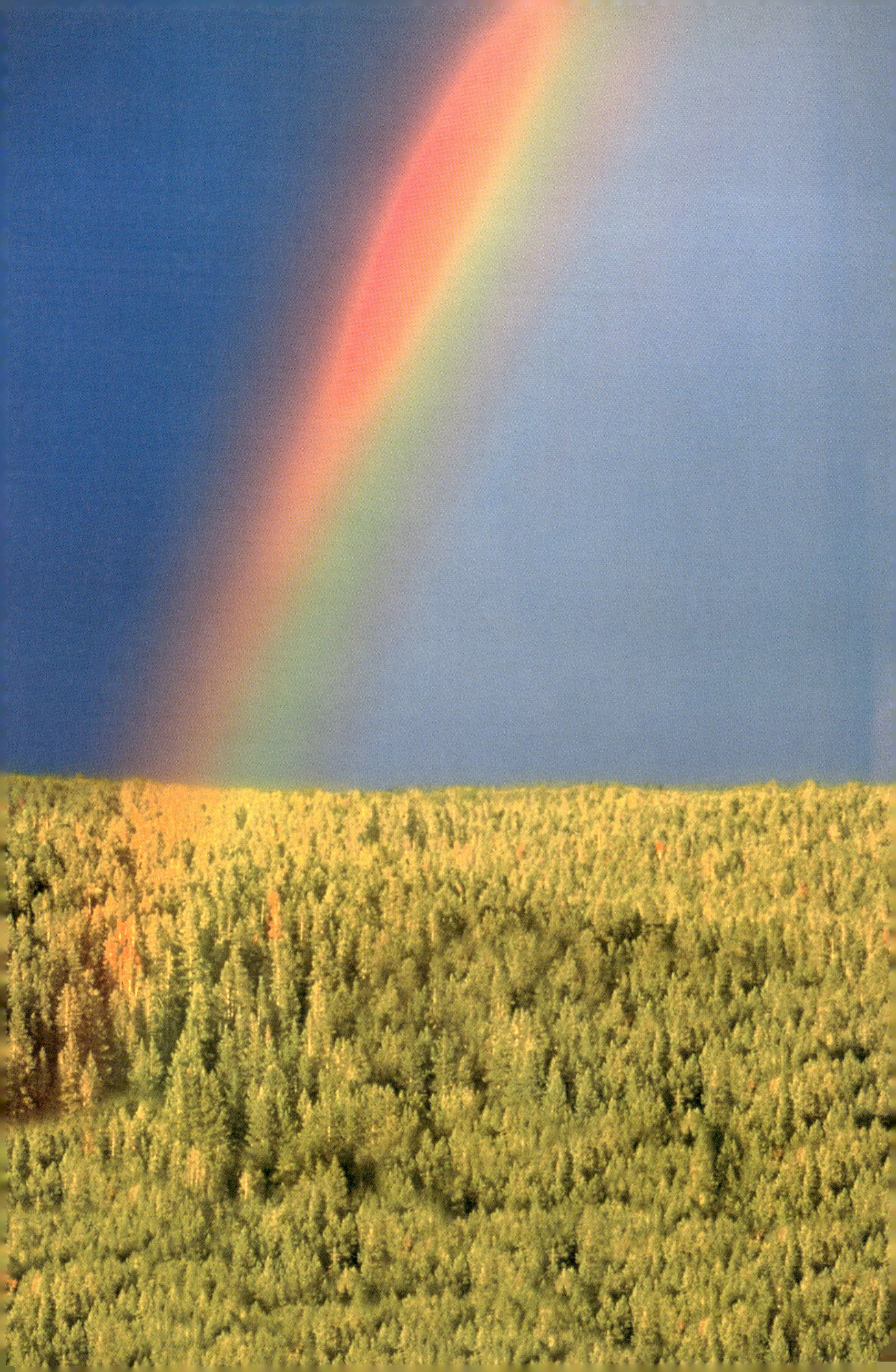

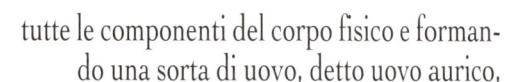

tutte le componenti del corpo fisico e formando una sorta di uovo, detto uovo aurico, che racchiude gli altri strati dell'aura. La parte esterna dell'uovo è più spessa e serve da protezione; attraverso di essa, inoltre, avviene lo scambio energetico con il campo universale.

Se questo livello è sano ed equilibrato, il soggetto percepisce la sua importanza nel disegno divino universale. Inoltre, sarà portato a elaborare idee creative e a comprendere concetti quali il significato dell'esistenza e della natura del mondo. Al contrario, se il settimo livello non è molto sviluppato, si avranno difficoltà a sviluppare idee creative e a comprendere il disegno universale della vita. In questo caso, le linee dorate appaiono spente e irregolari, talvolta assottigliate in alcuni punti; qui si potranno verificare strappi nell'uovo aurico, attraverso i quali si perderà energia. Questa situazione determinerà nel soggetto un marcato fastidio nei confronti dei propri difetti, che gli parranno insopportabili, ed egli si porrà alla inconcludente ricerca di un'utopistica perfezione. Se l'energia del settimo livello è molto più forte di quella degli altri strati, il soggetto svilupperà molte idee, ma non riuscirà a metterle in pratica. Per impedire questo inconveniente occorre che tutti i livelli dell'aura siano equilibrati. Anche in questo caso, per rinforzare l'aura causale si può far ricorso alla meditazione.

Reiki: energia d'Amore

Il Reiki è un percorso spirituale basato sulla capacità, insita in ogni essere umano, di trasmettere energia con l'imposizione delle mani. I praticanti Reiki, attraverso una specifica iniziazione (primo livello) impartita da un maestro, vengono messi in sintonia con il campo energetico universale e sono in grado di trattare gli altri e se stessi diventando "canali" dell'energia dell'Universo. Con il primo livello l'iniziando viene "riconnesso" all'energia che ci circonda: il Reiki, dicono infatti alcuni maestri, non si impara ma si ricorda. Da questo momento il praticante sarà in contatto con la forza che tutto muove e a tutto dà amore, la stessa forza con la quale, da bambini, eravamo a stretto contatto e che, con il tempo, abbiamo disimparato a conoscere. Con il secondo livello il praticante Reiki, oltre ad approfondire le tecniche di trasmissione dell'energia a contatto, tramite le mani, apprende l'uso di simboli che gli permetteranno di mandare energia a distanza a persone, situazioni, conflitti lontani nel tempo e nello spazio. Lungi dal rappresentare una tecnica "magica" o basata sull'autosuggestione, il Reiki è un cammino dello Spirito basato sulla crescita e sull'evoluzione della consapevolezza. Una strada lungo la quale il praticante avrà modo di incontrare e fare pace con aspetti della personalità o della propria storia, familiare, evolutiva, psicologica. Il trattamento agli altri è infatti solo uno degli aspetti, sicuramente il più conosciuto, della pratica. Oltre a questo nel praticante si svilupperà una sempre più forte conoscenza di se stesso, unita a una compassione crescente per gli altri esseri umani, compagni di strada e di vita.

I chakra:
vortici di vita

I chakra sono ruote energetiche situate in sette punti specifici del nostro corpo. Ognuno di essi regola e concerne aspetti specifici della nostra vita, della nostra salute e delle nostre emozioni. Scopriamoli insieme.

I l termine chakra deriva dal sanscrito e significa "ruota di fuoco". Essi sono degli organi che hanno la funzione di immettere nel campo aurico umano l'energia proveniente da quello universale. L'energia così assorbita viene convogliata al plesso nervoso più vicino che la metabolizza. L'energia universale è conosciuta fin dai tempi remoti: in India è detta prana, in Cina *ch'i*.

Quando un chakra non funziona in modo corretto, l'immissione di energia è inadeguata e gli organi alimentati da quel particolare chakra ne risentono negativamente. Infatti, se la condizione anomala si protrae a lungo, la parte interessata si può ammalare.

I chakra principali sono sette; essi possono essere rappresentati come dei coni con la base rivolta verso l'esterno e il vertice puntato verso la colonna vertebrale. Lungo la spina dorsale si ha un flusso energetico in cui tutti i sette chakra convogliano l'energia che hanno catturato dal campo universale. Tale flusso scorre pulsando velocemente ed emettendo un fascio di luce variamente colorata con un diametro che varia dai due ai quindici centimetri.

I chakra sono rappresentati in tutti i sette livelli dell'aura e dal secondo al sesto livello compaiono tanto sul davanti che sul retro del corpo. Di solito quelli "anteriori" sono collegati con la sfera dell'emotività, quelli "posteriori" con la volontà, quelli della testa alla ragione. Si è in buona salute se le tre componenti – emotività, volontà e ragione – sono in equilibrio. Per ottenere tale equilibrio occorre bilanciare, armonizzare e sincronizzare tutti i chakra.

I sette chakra principali si trovano in corrispondenza con i principali plessi nervosi.

Il primo, situato alla radice della spina dorsale, ha la base rivolta verso il basso e il vertice orientato verso la giuntura fra l'osso sacro e il coccige. Questo centro energetico presiede alle sensazioni fisiche in generale, e in particolare dipendono da esso la percezione del proprio corpo nello spazio, quella del movimento e il senso del tatto. È collegato all'energia fisica e infonde volontà di vivere, inoltre regola il funzionamento delle ghiandole surrenali e dei reni.

Il secondo chakra si trova poco al di sopra dell'osso pubico e ha un aspetto anteriore e uno posteriore. La radice è situata all'altezza dell'osso sacro, dove si convogliano le emozioni. Questo chakra regola l'energia sessuale e il sistema immunitario.

Il terzo chakra è posto sul plesso solare e ha anch'esso un duplice aspetto; la radice si situa fra la dodicesima vertebra toracica e la prima vertebra lombare. Da un punto di vista psicologico presiede alla percezione che ognuno ha del proprio ruolo nel mondo, influenza i rapporti con gli altri e determina la cura che l'individuo ha di sé. Fisiologicamente regola tutti gli organi che si trovano nelle vicinanze: stomaco, fegato, milza, pancreas e sistema nervoso.

Il quarto chakra si trova nei pressi del cuore; anteriormente è connesso con l'amore, posteriormente con la volontà. È ovvio che, per ottenere un buon funzionamento psicofisico dell'organismo, le due parti devono risultare in equilibrio. Questo centro fornisce energia al cuore, all'apparato circolatorio, al timo, al nervo vago e al dorso.

Il quinto chakra si trova situato all'altezza della gola e appare tanto nella parte anteriore che in quella posteriore del corpo. Il vertice è inserito nella terza vertebra cervicale. È associato con il senso

dell'udito, del gusto e dell'olfatto e, a livello psicologico, influenza la generosità e il desiderio di conoscere la verità. Questo chakra fornisce energia ai polmoni, al tratto digerente e ai bronchi.
Il sesto chakra è situato sul capo: la parte anteriore sulla fronte, quella posteriore sulla nuca, mentre la radice si trova al centro del capo. In particolare, l'aspetto anteriore è connesso con la comprensione dei concetti, quello posteriore con il senso pratico. Questo chakra dà energia all'ipofisi, al cervelletto, al sistema nervoso, alle orecchie e all'occhio sinistro; presiede inoltre al senso della vista.
Il settimo chakra si situa sulla sommità del capo con la radice rivolta verso la parte superiore del cervello. Da esso dipende l'integrazione fra la ragione e la spiritualità. Fornisce energia alla corteccia cerebrale e all'occhio destro.

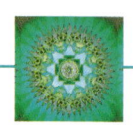

Leggere i chakra con il pendolino

Per imparare a leggere i chakra è necessario apprendere la tecnica ma soprattutto affinare le proprie capacità energetiche, imparando a "sentire" ciò che non si vede e ad abbandonarsi all'intuito.

Per controllare in una persona quali chakra siano disarmonici e necessitino di trattamento, il metodo più semplice consiste nell'uso del pendolino. Chi ha dimestichezza con la percezione delle energie sottili potrà usare le mani, passandole su ciascun centro energetico allo scopo di rilevare blocchi, congestioni e alterazioni; oppure potrà ricorrere alla visione psichica, sempre che abbia sviluppato le doti di chiaroveggenza necessarie a vedere i corpi sottili, i loro colori, le disarmonie che questi presentano: per chi invece non è ancora giunto a simili stadi di sensitività il pendolino rappresenterà un mezzo altrettanto valido.

Il pendolino deve essere di materiale naturale, a punta e simmetrico rispetto all'asse centrale; per quanto riguarda la lunghezza del filo o della catenella a cui è appeso, si consigliano circa quindici centimetri, tuttavia tale misura può essere aumentata o diminuita secondo le preferenze di chi lo usa, dato che si tratta pur sempre di uno strumento personale da calibrare con la propria sensibilità. Al momento di acquistare un pendolino ci si accerti che esso sia ben realizza-

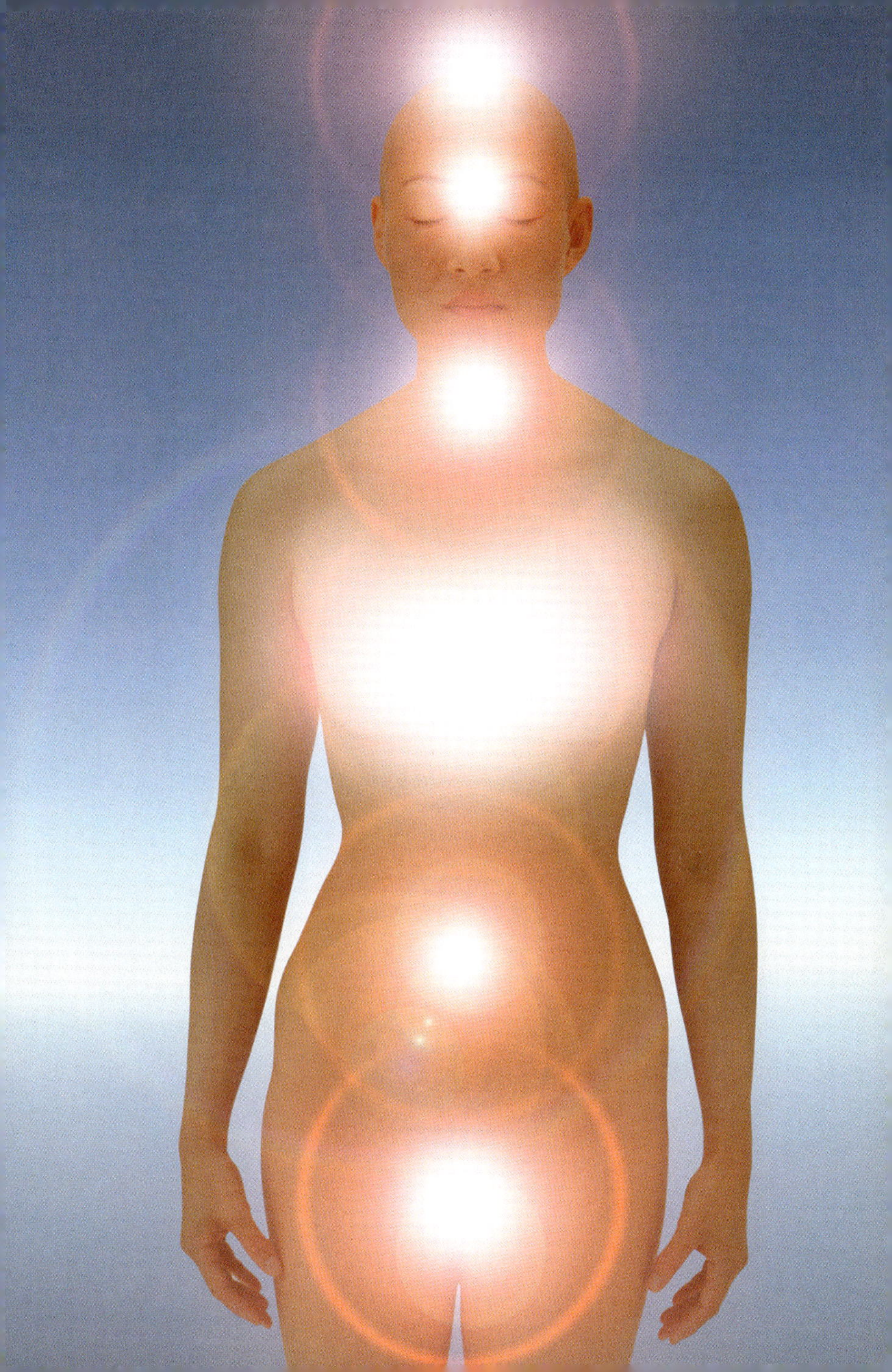

to: in particolare, lo si osservi da sotto per vedere se il contrappeso (che, come abbiamo detto, deve terminare a punta) è fissato alla catenella in modo da cadere perfettamente verticale. Spesso ci si imbatte in pendolini nei quali il contrappeso è stato fissato male e la punta di quest'ultimo non prosegue nella direzione verticale della catenella, ma devia verso destra o verso sinistra. Oltre ad assicurarsi che lo strumento sia fatto a regola d'arte è necessario verificarne la compatibilità con il soggetto che lo dovrà usare: a questo proposito dovremo rimanere per un po' in ascolto, liberando la mente da ogni altro pensiero e, concentrandoci sul pendolino stesso, cercare di percepire che impressione ci fa lo strumento, così da capire se può essere in sintonia con noi. Tenendo il pendolino con la mano destra (sinistra se si è mancini), lo si sospenda sul palmo aperto dell'altra mano, si crei il vuoto mentale, quindi si domandi se esso è a noi congeniale: dalla facilità a iniziare la rotazione nonché dalla maggiore o minore

---

Quando vedete un'ombra molto oscura da qualche parte di voi, qualcosa di davvero doloroso, potete stare sicuri di avere anche la possibilità di raggiungere la luce corrispondente. Avete da raggiungere un fine particolare, una missione particolare, una realizzazione particolare soltanto vostra; e contemporaneamente portate dentro di voi tutti gli ostacoli che occorrono perché la vostra realizzazione sia perfetta. Sempre troverete che in voi l'ombra e la luce vanno di pari passo: se in voi c'è la capacità, c'è anche la negazione di questa capacità. Ma se scoprite un'ombra molto fitta e profonda, state tranquilli che da qualche parte in voi c'è una grande luce. A voi saper usare l'una per realizzare l'altra.

Mère

ampiezza del cerchio descritto si può avere un'indicazione sulla compatibilità dello strumento con noi. Il materiale di cui il pendolino è fatto non è importante, o meglio, è importante per una determinata persona, mentre potrebbe non essere compatibile con un altro soggetto che pure lo vorrebbe usare: se si hanno dubbi rispetto alla procedura fin qui descritta, si consiglia di esercitarsi con pendolini di vario materiale, in modo da essere in grado, dopo un certo tempo, di scegliere quello giusto. In commercio si trova un'infinità di pendolini: ce ne sono in metallo, in quarzo, in legno e via dicendo, ma ciascuno dovrà individuare il suo, quello che per lui costituisce lo strumento migliore.

Come abbiamo detto, prima di adoperare il pendolino è importante creare il vuoto mentale, liberando la mente da qualsiasi aspettativa circa l'esito del test, e sottraendoci all'influenza che il lato razionale della coscienza potrebbe esercitare spingendoci a voler ottenere un tipo di rotazione piuttosto che un altro: dobbiamo mantenerci mentalmente neutrali circa la condizione del chakra che stiamo testando. Il pendolino deve essere tenuto molto vicino al chakra, senza però toccare il corpo della persona: quest'ultima dovrà stare distesa, in stato di rilassamento, su un lettino o su un supporto simile. Dalla tabella riportata più avanti si ricaveranno le interpretazioni dei movimenti, riuscendo così a capire quali vortici sono squilibrati e come si caratterizzano tali squilibri. Nell'attesa che il pendolino cominci a muoversi, ci si mantenga concentrati sul chakra in oggetto e si ripeta mentalmente una frase del tipo: «Come funziona questo chakra? Attendo la risposta».

Se l'operatore, grazie a doti sensitive, è in grado di sintonizzarsi con un determinato livello dell'aura, la lettura dei chakra effettuata tramite il pendolino si riferirà a quel livello (i chakra sono presenti in tutti e sette i corpi sottili). In assenza di una sintonizzazione specifica, il pendolino legge generalmente la condizione dei chakra appartenenti al corpo emotivo, poiché tali vortici sono caratterizzati dai colori che vengono tradizionalmente attribuiti a ciascuno di essi: lo schema mentale del colore di ciascun chakra condiziona infatti il livello al quale comunemente ci si sintonizza. Mantenendo lo schema mentale del colore di ciascun vortice nella lettura dei chakra e nella scelta dei rimedi, diamo preponderanza alla terapia sul corpo emotivo: è per questa ragione che gli effetti più frequentemente riscontrabili attraverso l'utilizzo di cristalli, oli essenziali e fiori di Bach sono di carattere emotivo. L'armonizzazione dei chakra agisce in prevalenza sui tre livelli inferiori del campo aurico (corpo eterico, corpo emotivo e corpo mentale), e talvolta sul quarto livello (corpo astrale): per influire sui livelli superiori, dal quinto al settimo, è necessario avere sviluppato doti di sensitività atte a trasferire le vibrazioni dei rimedi sul piano spirituale. L'azione energetica sugli strati aurici inferiori non è comunque da sottovalutare: sappiamo che i corpi sottili sono tutti interconnessi tra di loro, pertanto l'irradiazione localizzata su alcuni di essi si trasmette anche agli altri, seppure con intensità a mano a mano decrescente.

Un chakra aperto e armonicamente attivo corrisponde alla rotazione circolare del pendolino in senso orario; rotazioni circolari in senso antiorario, rotazioni ellittiche oppure oscillazioni di altro tipo si riferiscono a un chakra disarmonico, che, come ricorda Barbara Ann Brennan in *Mani di luce*, indica la presenza di «un'area problematica nel suo corrispettivo aspetto psicologico». Se il vortice mostra di non metabolizzare bene l'energia del campo universale, ne possiamo dedurre che le esperienze psicologiche e i sentimenti relativi

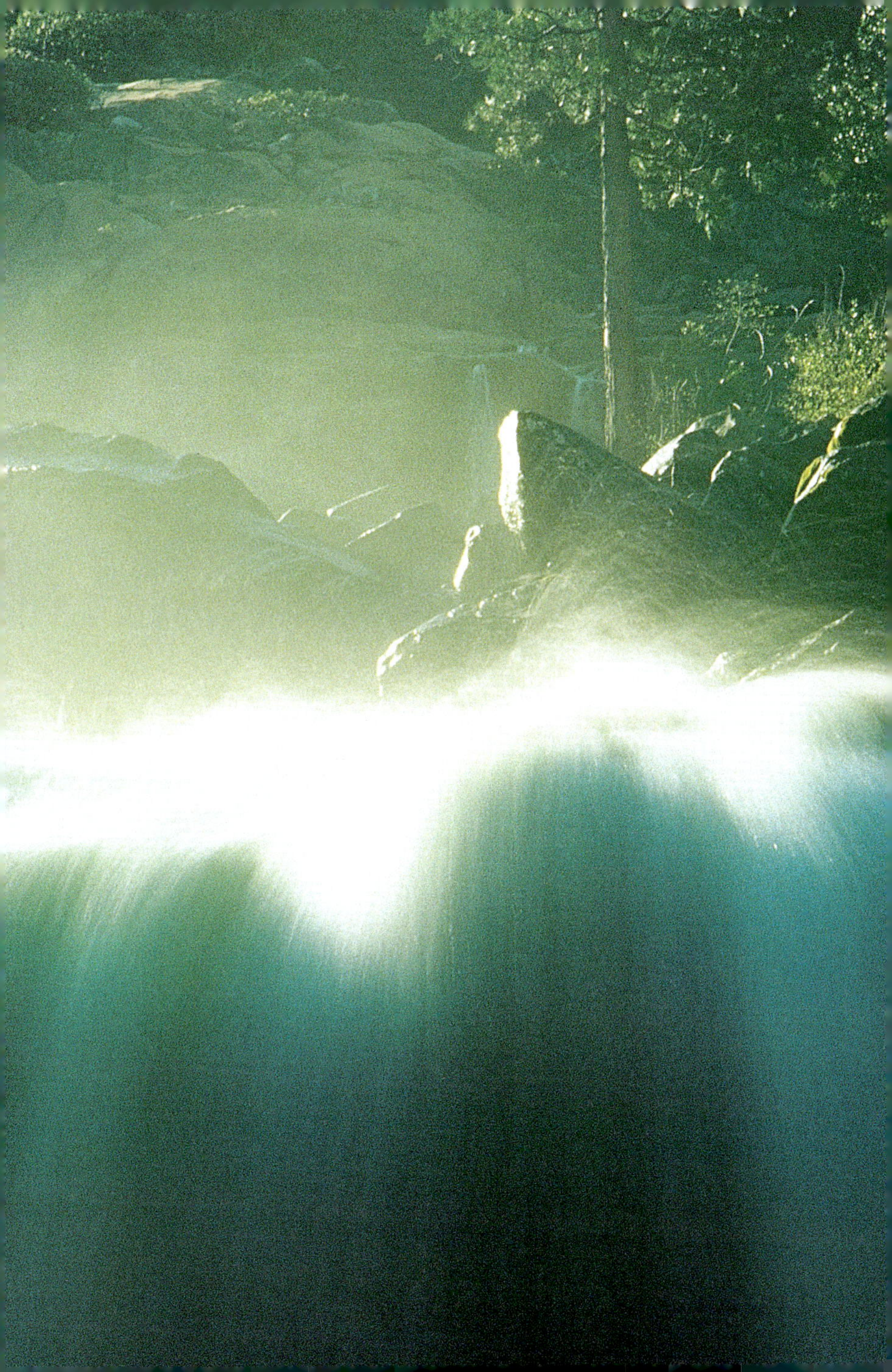

a quel chakra non sono equilibrati; pertanto la persona sarà caratterizzata, in quell'area, da idee e situazioni negative. In particolare, un chakra che ruota in senso antiorario segnala che esso non assorbe energia dal campo universale, ma al contrario la emana verso l'esterno, cosicché le aree psicologiche e comportamentali riferibili al chakra vengono attribuite al mondo che ci circonda, alle altre persone e agli ambienti che frequentiamo, dando luogo al fenomeno che gli psicologi chiamano proiezione.

Per fare un esempio, se un soggetto è incline al vittimismo e si aspetta di ricevere dal mondo solo esperienze negative, il moto antiorario del quinto chakra posteriore (che tra l'altro è connesso con la capacità di ricevere) segnalerà che questo soggetto riceve le varie esperienze che lo investono attribuendo loro connotazioni ostili, mentre la rotazione antioraria del quinto chakra anteriore indicherà che egli proietta all'esterno quelle esperienze negative, le quali sono insite dentro di lui. Continuando con l'attribuire agli altri, alla società, alla famiglia e via dicendo le cause della propria insoddisfazione, una persona di questo tipo finirà con l'attirare veramente a sé, attraverso la legge della risonanza, le situazioni negative che si aspetta.

Riguardo alla rotazione di un chakra, maggiore è l'ampiezza riscontrabile con il pendolino, maggiore è la quantità di energia che passa nel vortice stesso; sebbene l'ampiezza della circonferenza descritta non corrisponda esattamente al diametro effettivo del chakra, ne è comunque un'indicazione. Inoltre, la condizione dei chakra analizzabile mediante il pendolino, non deve essere presa come assoluta rispetto alle caratteristiche costituzionali della persona: un soggetto può avere il quarto chakra anteriore (correlato alla capacità di amare) che solitamente funziona bene ma che, in quel dato momento in cui viene effettuato il test, indica con il suo movimento irregolare la presenza di uno squilibrio passeggero imputabile per esempio a un litigio avvenuto poco prima, che ha lasciato tracce di frustrazione a livello del cuore. Solo da controlli ripetuti in giorni successivi si potrà avere la certezza di quali chakra, con il loro movimento costantemente disarmonico, indicano una serie di problemi radicati in profondità, e quali invece siano stati interessati da squilibri dovuti a circostanze transitorie. Conviene quindi annotare i risultati ottenuti e verificare se cambia qualcosa dopo qualche giorno. Se si esegue la lettura dei centri di energia su un'altra persona, si ricordi sempre di integrare le informazioni ricevute dal pendolino con un colloquio relativo alle sensazioni e ai problemi che tale persona lamenta.

Lungo il percorso spirituale...

In effetti, è inutile nascondersela, si tratta di una battaglia. Finché seguiamo la corrente possiamo anche crederci buoni, puliti e pieni di buone intenzioni; ma appena cambiamo direzione tutto resiste. Tocchiamo allora con mano le forze enormi che abbrutiscono l'uomo; basta cercare di uscirne per vederle. E appena si sarà prodotta la prima radicale apertura in alto, appena avremo visto la Luce, quasi simultaneamente avvertiremo in basso come una coltellata, come se qualcuno dentro di noi ne soffrisse. E avremo imparato la prima lezione: non si può fare un passo verso l'alto senza fare anche un passo verso il basso.

Satprem

È anche possibile eseguire la lettura dei chakra su di sé senza l'aiuto di un altro soggetto, ma si tenga presente che è molto più difficile cercare di capire qualcosa di sé piuttosto che qualcosa di un'altra persona: si avranno pertanto maggiori probabilità di non essere obiettivi, e quindi sarà più facile influenzare il pendolino facendogli compiere oscillazioni che non sono veritiere.

Per leggere da soli la condizione dei propri chakra si proceda nel modo seguente: stando in piedi in un luogo tranquillo, a gambe leggermente divaricate e con i piedi ben saldi sul pavimento, si tocchi con la mano libera dal pendolino il punto in cui ciascun chakra si colloca sul corpo fisico (quindi per i vortici posteriori si devono toccare i punti corrispondenti sul retro del corpo); si sospenda il pendolino davanti a noi in modo da poterlo vedere bene, si crei il vuoto mentale e ci si concentri sulla frase detta sopra, cioè «Come funziona questo chakra? Attendo la risposta». Dopo un po' lo strumento comincerà a oscillare: lo si osservi per qualche momento in modo da essere sicuri della sua risposta e si annoti su un foglio di carta il risultato. Anche in questo caso, per avere la certezza che il chakra si trovi davvero nella condizione segnalata dal pendolino, sarà opportuno ripetere la lettura per alcune volte consecutive in giorni diversi.

Quando abbiamo capito quali centri energetici sono disarmonici, si può procedere alla scelta dei rimedi più adatti a riequilibrarli.

Infine, per i vortici dal secondo al sesto compresi, che presentano un aspetto anteriore e uno posteriore, si consideri che talvolta è necessario agire anche sui chakra posteriori per promuovere un riequilibrio energetico completo. I chakra posteriori vengono trattati con le stesse modalità dei chakra anteriori, ma il soggetto dovrà stare sdraiato sul ventre.

	LETTURA DEI CHAKRA CON IL PENDOLINO	
Simbolo°	Descrizione del movimento	Stato psicologico
↻	In senso orario, circolare.	Chakra aperto ed equilibrato, percezione chiara della realtà.
↺	In senso antiorario, circolare.	Chakra chiuso e squilibrato, percezione falsata della realtà.
⟷	In senso orario, ellittico orizzontale.	Chakra aperto, ma l'energia è trattenuta in basso per evitare l'interazione di tipo passivo con gli altri.
↓	In senso orario, ellittico verticale.	Chakra aperto, ma l'energia va verso la sfera spirituale per evitare l'interazione di tipo attivo con gli altri.
⟷	In senso antiorario, ellittico orizzontale.	Chakra chiuso, con una certa compressione dell'energia in basso, verso la sfera istintiva, per evitare l'interazione di tipo passivo con gli altri.
↓	In senso antiorario, ellittico verticale.	Chakra chiuso, con spostamento dell'energia verso l'alto, verso la sfera spirituale, per evitare l'interazione di tipo attivo con gli altri.
↘	In senso orario, ellittico con inclinazione a destra.	Chakra aperto: scissione fra attività e passività, preponderanza di valori attivi, maschili, yang.
↙	In senso orario, ellittico con inclinazione a sinistra.	Chakra aperto: propensione verso i valori passivi, femminili, yin.
↘	In senso antiorario, ellittico con inclinazione a destra.	Chakra chiuso: aspetto attivo più sviluppato di quello passivo, proiezioni sulla realtà di tipo aggressivo, yang.
↙	In senso antiorario, ellittico con inclinazione a sinistra.	Chakra chiuso: aspetto passivo più sviluppato di quello attivo, proiezioni sulla realtà di tipo ricettivo, yin.
↔	In linea retta, orizzontale.	Spostamento delle energie verso la sfera istintiva per evitare l'interazione personale.
↕	In linea retta, verticale.	Spostamento delle energie verso la sfera spirituale per evitare l'interazione personale.
↗	In linea retta, diagonale a destra.	Scissione fra attività e passività, con preponderanza dell'aspetto attivo.
↗	In linea retta, diagonale a sinistra.	Scissione fra attività e passività, con preponderanza dell'aspetto passivo.
⟲	In senso orario, ellittico, con spostamento dell'asse.	Mutamento in atto nel soggetto, caos positivo che dovrebbe condurre a un miglioramento.
⟳	In senso antiorario, ellittico, con spostamento dell'asse.	Come il precedente, ma con caos negativo: il miglioramento è ancora lontano.
•	Fermo.	Chakra inattivo, che porterà all'insorgere di disturbi di vario tipo.

°I simboli si riferiscono alla visione frontale della persona da parte di chi esegue la lettura.

Saper vedere l'aura

*I miracoli non contraddicono la Natura,
ma quello che noi sappiamo sulla Natura.*
                              Sant'Agostino

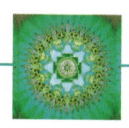

I segreti della visualizzazione

Per visualizzare i campi energetici attorno alle persone o quelle degli altri esseri viventi (piante, animali, cristalli) occorre una certa esperienza, ma soprattutto bisogna agire sempre con altruismo.

Ci si può chiedere quale scopo si raggiunga leggendo l'aura, se tale esercizio permetta di aiutare gli altri o di esercitare una qualche forma di potere o, ancora, se sia un modo per attirare l'attenzione su di sé. La risposta è semplice: l'unico scopo che ci si deve prefiggere, nel leggere l'aura, è quello di porsi al servizio degli altri per diagnosticare tanto le loro potenzialità quanto le loro debolezze. Qualunque altra meta si voglia raggiungere sarà destinata al fallimento sia per ragioni etiche che per ragioni oggettive, in quanto i risultati saranno ben miseri. L'importanza della diagnosi aurica è molto importante se si pensa che consiste in un fondamentale strumento preventivo. È preventivo in quanto una malattia, prima di manifestarsi sul piano fisico, è già presente nei corpi sottili dell'essere. Si tratterà, allora, di individuare le anomalie per poterle debellare prima che compaiano a livello fisico. Ogni male fisico è diretta conseguenza di una debolezza, o meglio, di una disarmonia fra l'energia sprigionata dalle diverse aure. È sufficiente che uno strato presenti un qualche difetto per per-

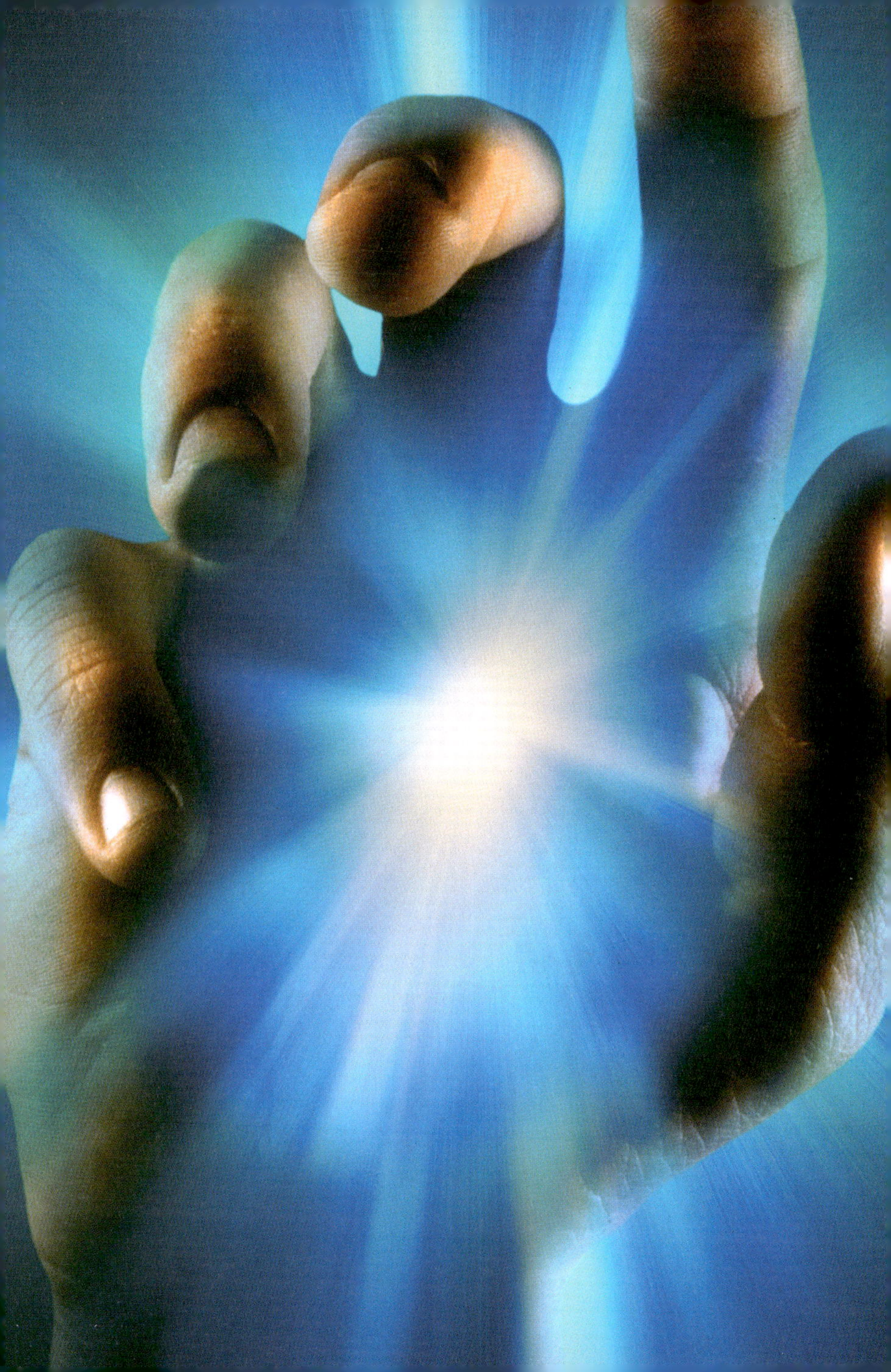

mettere a una malattia, fino ad allora in stato embrionale, di accelerare il suo sviluppo. L'aura potrà quindi presentare dei "buchi", delle deformazioni che dissipano l'energia necessaria per il buon funzionamento dell'organismo.
È ovvio che qui non si vuole assolutamente rinnegare l'utilità e l'efficacia dei metodi diagnostici tradizionali (per l'Occidente), anzi, si vuole promuovere la possibilità di una proficua collaborazione fra questi campi rimasti lontani e caratterizzati da diffidenza reciproca.

Esercizi per vedere l'aura umana

I primi esercizi andranno svolti in un locale dove la luce non sia troppo violenta e che non sia gremito di oggetti i quali potrebbero distogliere l'attenzione durante le prove. Sarà utile anche liberare completamente la parete (possibilmente bianca) davanti alla quale ci si collocherà per l'esperimento. Predisposto l'ambiente in cui esercitarsi, inizierete allungando un braccio in avanti all'altezza degli occhi senza tenderlo eccessivamente e in modo da avere come sfondo la parete bianca, quindi osserverete il contorno della vostra mano.
In realtà il fuoco dello sguardo non deve cadere all'altezza della mano, bensì in un punto immaginario situato al di là dell'arto. In questa maniera la mano apparirà sfocata e se ne vedrà solo il contorno. Questa tecnica sarà valida per tutta la durata dell'esercizio.
Ricordiamo, inoltre, che non bisogna cercare di vedere qualcosa (il che comporterebbe una grande tensione), ma è opportuno lasciare che la vista operi liberamente, senza guida, rilassando tanto il corpo quanto la mente. Se l'esperimento ha successo, ben presto percepirete un alone incolore o grigio pallido, dapprima intorno alle dita, poi a tutta la mano. Questa fascia iridescente può avere un'e-

stensione variabile da uno fino a tre-quattro centimetri. In queste condizioni potrete notare che il fascio si prolunga indefinitamente e che segue gli spostamenti delle dita. Dopo alcuni tentativi sarete in grado di percepire anche lo spessore dell'aura eterica della mano, la quale varierà a seconda dello stato di salute in cui ci si trova.
Se quest'esercizio procura delle difficoltà, si può modificarlo leggermente, in modo da facilitarne la riuscita. Per rendere possibile tale semplificazione occorre mantenere il braccio disteso, volgendo però la mano di profilo e unendo l'indice al pollice: si osserverà che l'aura eterica delle dita si unirà prima che lo facciano le parti fisiche

Per imparare a vedere l'aura è necessaria una certa pratica. L'importante è non sforzarsi di vedere qualcosa a tutti i costi ma lasciare che lo sguardo sia rilassato.

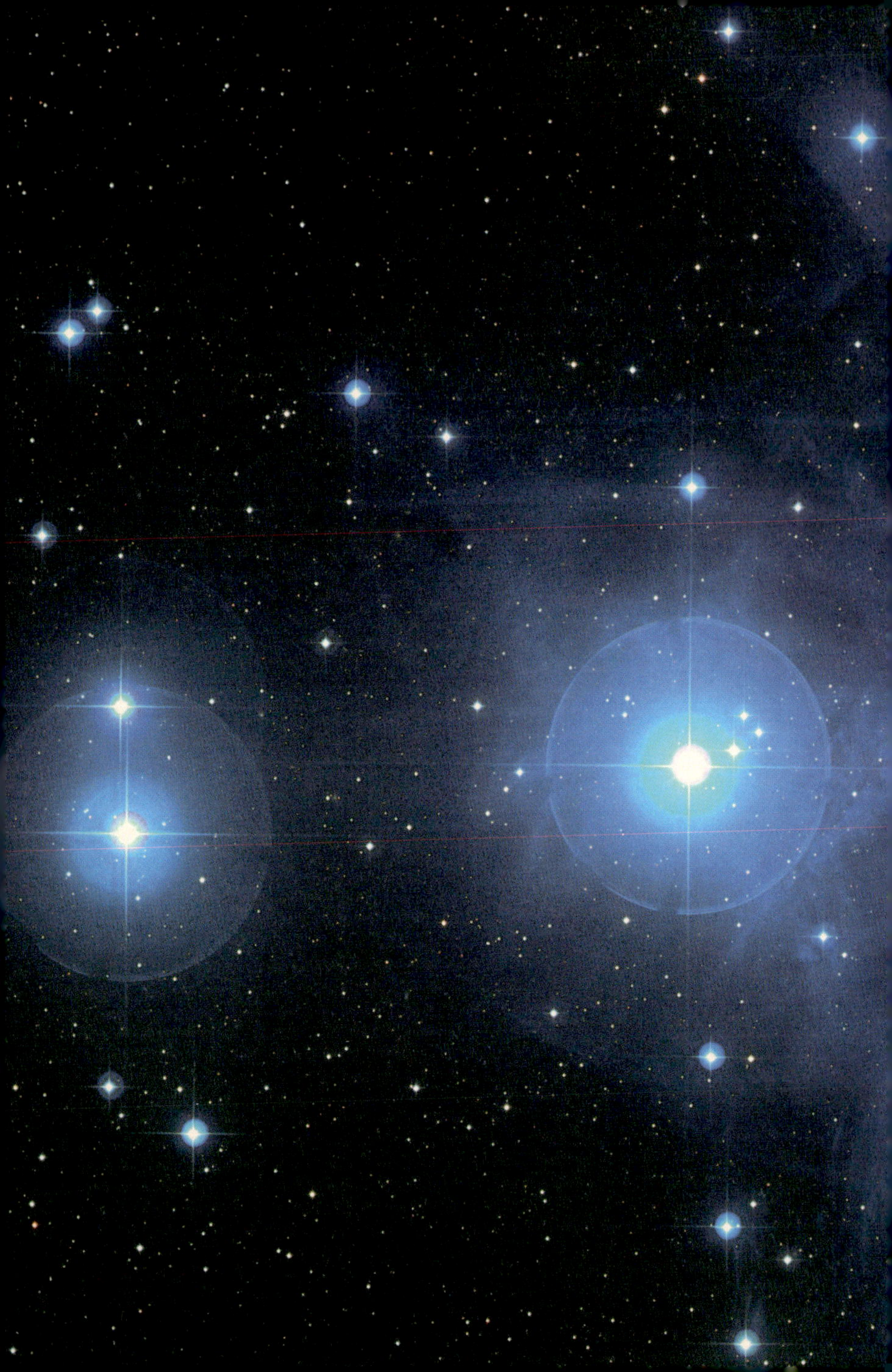

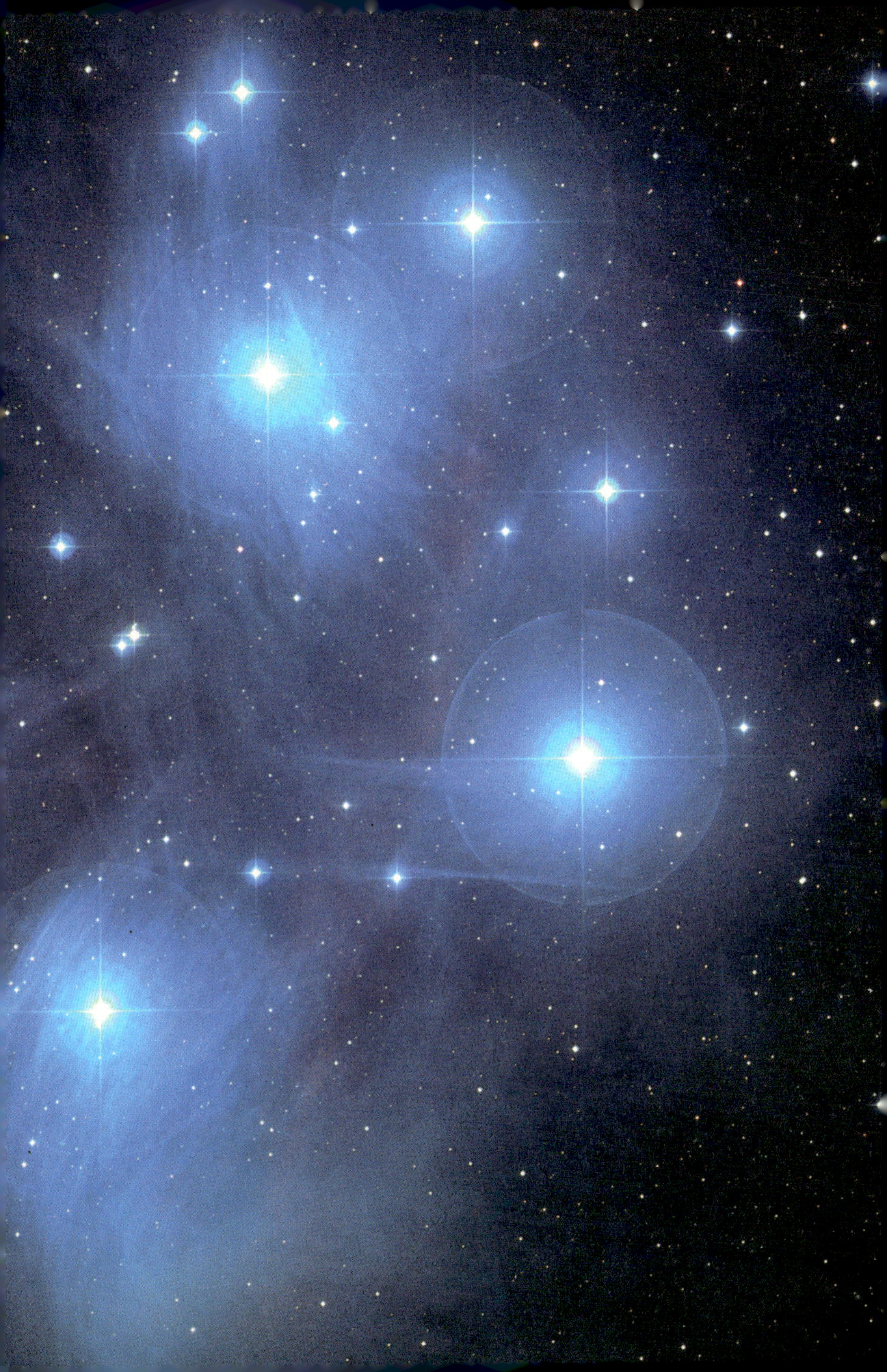

e il fenomeno sarà più evidente perché le due aure si sovrapporranno, risultando più marcate.
Se si è in gruppo, si può formare un cerchio tenendosi per mano. Immaginate, ora, di far circolare l'energia lungo la catena formata, e di sentire la sua pulsazione (generalmente il flusso si muove da sinistra verso destra). Sempre mantenendo la medesima posizione, arrestate il flusso e tenetelo fermo per qualche istante: ciò non sarà facile perché si avvertirà come una sorta di inerzia e una sensazione sgradevole. Lo scorrere del flusso energetico attraverso le mani produ-

Un utile esercizio per imparare a vedere l'aura è quello di porsi davanti allo specchio a una distanza di tre o quattro metri.

ce un formicolio simile a quello dell'elettricità statica. Potete, ora, eseguire l'esercizio con un solo partner tenendo le palme delle mani in contatto e immaginando di far scorrere l'energia attraverso di esse. Dapprima emanate l'energia con il palmo sinistro e fatela entrare in quello destro, quindi invertite il flusso e dopo qualche secondo arrestatelo. Cercate poi di emanarlo contemporaneamente da entrambe le mani, quindi di risucchiarlo; questo tipo di esercizio sarà molto utile per la palpazione aurica.

Se si dispone di uno specchio, è utile compiere un altro tipo di esercizio. Ponete lo specchio (deve essere abbastanza grande, almeno 40x40 cm) a una distanza di tre, quattro metri per avere una vista d'insieme della vostra immagine. Come già avete fatto per l'esercizio della mano, accertatevi che dietro di voi vi sia una parete, o comunque una superficie molto chiara e uniforme. Quindi rilassatevi e fissate un punto al di là del busto, in modo da percepire solo il suo contorno. Dopo alcuni istanti, noterete l'apparire di una leggera nebbiolina tutt'intorno alla testa e alle spalle.

Spesso le prime percezioni provocano un grande eccitamento, anche se durano brevissimo tempo. È evidente che, in questa fase, possa sorgere il dubbio che sia la propria immaginazione a giocare brutti scherzi, ma con il proseguire della pratica i dubbi scompariranno sotto il peso dell'evidenza. Va ricordato che non si deve compiere uno sforzo intenso per captare l'aura, ma bisogna rilassarsi e far sì che l'immagine entri naturalmente nei propri occhi.

Siccome la lettura dell'aura deve diventare un'abitudine quotidiana, ci si potrà utilmente allenare osservando il campo energetico delle persone che ci circondano. Ovviamente, tale pratica non deve essere motivata da semplice curiosità, né tanto meno dalla tentazione di giudicare i propri simili: servirà "solamente" a capire più a fondo gli altri, al fine di poterli amare per quello che sono. In questo caso l'ambientazione non potrà essere quella ideale in precedenza descritta e si dovrà operare nelle più svariate situazioni. In questo modo si acquisirà la capacità di estraniarsi dal caos e di concentrarsi anche nelle condizioni più disagevoli per trarre le informazioni che si desiderano. Per iniziare, il modo più facile sarà quello di sdraiarsi d'estate sulla spiaggia e osservare i bagnanti. Il compito è facilitato in quanto coloro che si vogliono osservare sono poco vestiti e dunque l'aura emanata dagli indumenti non influenzerà quella umana. Può succedere che, osservando un individuo che passeggia sul bagnasciuga, si percepisca l'aura eterica di una persona distante qualche metro da quello. Tale fenomeno è dovuto all'incapacità di ignorare i particolari fisici dell'oggetto dell'osservazione, mentre è assai più facile ignorare quelli che cadono alla periferia del campo visivo, i cui dettagli non impegnano la mente. Inizialmente tale circostanza ricorrerà piuttosto spesso; essa è determinata non soltanto da una mancanza di concentrazione, ma soprattutto dalla curiosità morbosa di osservare gli altri per il gusto di giudicarli. Quando si cesserà di commettere questo errore, l'osservazione diventerà più precisa.

Non identificatevi... siate un testimone, un osservatore. Allora, se vi riesce di essere testimoni, sarete focalizzati nel terzo occhio... focalizzati nel centro del terzo occhio la vostra immaginazione diventa potente, efficace. Ecco perché si è insistito tanto sulla purezza...

Osho

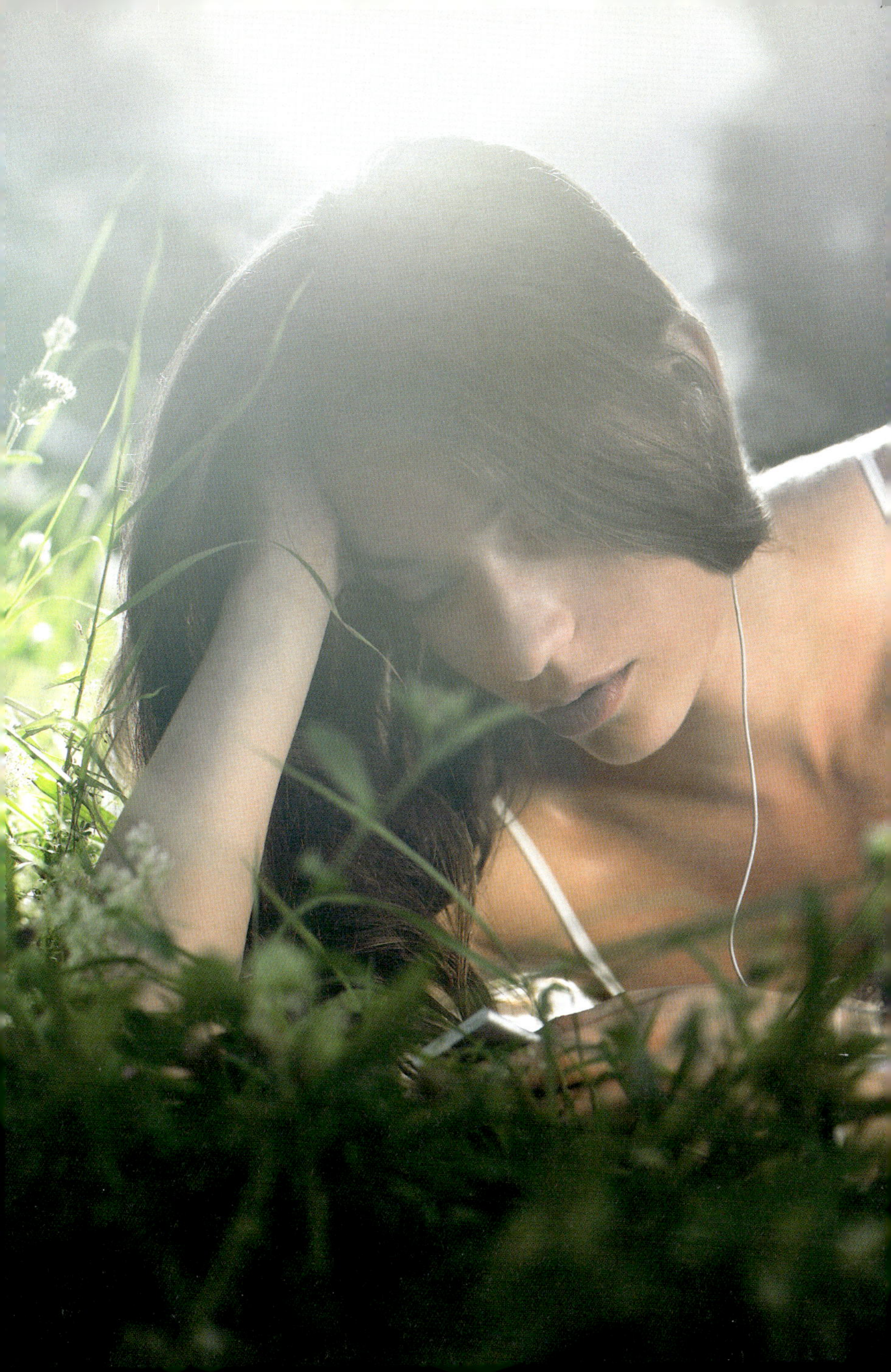

Esercizi per vedere i campi energetici universali

Percepire il campo energetico universale stando a contatto con la natura è di grande aiuto per comprendere e godere a fondo l'essenza dell'aura. La natura è ricchissima di energia vitale, che è facilmente visibile. Il modo più agevole per iniziare a osservare il campo energetico universale consiste nello sdraiarsi in posizione supina in un prato o su una spiaggia durante un giorno sereno, fissando il cielo azzurro. Lo sguardo, non avendo punti di riferimento precisi, potrà perdersi nel vuoto, e la mente si rilasserà.

Tale tecnica contribuirà ad affinare la capacità di concentrazione su di un punto lontano, esercizio utile per percepire l'aura umana. Dopo alcuni minuti potrete vedere stagliarsi lungo il cielo minuscoli globuli di prana in continuo movimento. Il prana è, secondo la tradizione indiana, quell'energia che pervade il creato, conferendo forza vitale a tutti gli oggetti in esso immersi.

Le particelle di prana si presentano come piccoli punti argentei con al centro una sorta di nucleo più scuro; essi si spostano a gran velocità da un punto all'altro dello spazio senza mai scontrarsi. Nelle giornate di sole appariranno particolarmente luminosi e si muoveranno rapidamente, quando l'atmosfera è velata sembreranno invece più opachi, più lenti e meno numerosi. In particolare, in città lo smog ne offusca la luminosità e li rallenta in quanto ne impedisce il ricaricamento.

Il luogo migliore per la loro osservazione, comunque, è la montagna perché il cielo è più limpido e il clima più secco che in altri posti. È ovvio che per questo tipo di esercizio dovranno valere le stesse norme descritte per l'osservazione dell'aura della mano; in particolare

va tenuto presente che il punto focale sarà sempre al di là dell'oggetto considerato. In ogni caso è preferibile apprestarsi a queste osservazioni durante l'alba o il crepuscolo, così da favorire la vista dei soli contorni degli oggetti.
Subito si noterà il grande spessore dell'aura eterica della Terra e le vette dei monti presenteranno prolungamenti simili a quelli notati nelle dita delle mani. Anche la flora offre notevoli possibilità di osservazione dell'aura: in genere, infatti, l'aura degli alberi è molto sviluppata e facil-

Effetto di un cristallo sull'aura di una pianta: se avvicinate il cristallo alla pianta e poi lo allontanate notate che le auree della pianta e del cristallo si avvicinano come se "comunicassero".

A sinistra una foglia intera: l'aura che si nota attorno ai margini è azzurro chiara. Dopo essere stata parzialmente recisa, l'aura della foglia diventa di un colore marrone sanguigno. Inoltre, dopo lo strappo, l'aura della pianta presenta una traccia evidente della parte recisa (a destra).

mente individuabile. Le cime delle piante più alte, che si stagliano contro il cielo, hanno un alone verde attorno alle fronde e si noterà che questo alone non ha globuli di prana al suo interno. In realtà, se si osserva con attenzione, i corpuscoli di prana cambiano direzione nelle vicinanze dell'albero e vengono assorbiti dall'aura del vegetale.

L'aura delle piante appare verde in primavera ed estate, quando hanno le foglie, mentre assume una colorazione tenuemente rosea quando mettono le gemme.

Se si osserva una pianta da appartamento, si potranno notare fenomeni del tutto simili. Mettete la pianta davanti a un fondo scuro e illuminatela con una fonte di luce piuttosto intensa. Quindi osservatela con la solita tecnica: dopo qualche istante si percepiranno delle onde azzurrognole che salgono verso la direzione di crescita della pianta e pulsano lungo il loro sviluppo verticale. Se proverete ad

accostare la mano alla pianta, vedrete che la sua aura tenderà a seguire la mano allungandosi per mantenere il contatto.
Per verificare quanto descritto dai coniugi Kirljan nel loro esperimento sulla foglia recisa, potrete, se ne avete l'occasione, recarvi in un bosco subito dopo il taglio delle piante. Si noterà certamente che l'aura degli alberi recisi è ancora presente e questo fenomeno durerà per alcuni giorni. L'osservazione del campo energetico universale permette di verificare ulteriormente quanto già accennavamo, cioè la preesistenza della materia sottile a quella fisica. Infatti la materia fisica si cala progressivamente nello stampo eterico che le dà forma.
Anche gli oggetti inanimati hanno un'aura e spesso molti riflettono l'energia del loro proprietario. Questo accade in special modo con le pietre preziose e i cristalli che, avendo un'aura piuttosto sviluppata, vengono usati in particolari terapie (cristalloterapia).
Ancora qualche osservazione sullo svolgimento degli esercizi e, in particolare, sulla frequenza della loro esecuzione. È molto importante svolgerli con assiduità e costanza tutti i giorni; non è necessario impegnarsi per ore consecutive in quanto ci si stancherebbe facilmente, ma occorre applicarsi in ogni situazione che lo consenta, al fine di acquisire la tecnica in modo automatico. In questo modo si affinerà la capacità percettiva al punto che i nostri sensi saranno in grado di attivarsi autonomamente, senza ricevere precisi impulsi mentali.

Saper leggere l'aura

*Se non aspettiamo l'inaspettato,
non lo troveremo mai.*

Eraclito

Decifrare i messaggi dell'aura

L'aura di una persona, con i suoi colori, con la sua ampiezza, la sua luce e la sua intensità, ci parla delle emozioni, dello stato psichico, della vitalità fisica e della gioia di vivere che la caratterizza.

P er decifrare i messaggi dell'aura e imparare a leggere le caratteristiche che differenziano l'aura di una persona sana, equilibrata e gioiosa, da quella di una persona momentaneamente "spenta", occorre una buona dose di esercizio. Vediamo l'"abc" della lettura dell'aura.

L'ambiente in cui esercitarsi

Per esercitare con regolarità la lettura dell'aura umana occorre predisporre in modo adeguato un locale adibito appositamente per tale attività.

La stanza deve essere abbastanza ampia, con le pareti in tinta unita e senza quadri o poster che distolgano lo sguardo attirando su di loro l'attenzione. È preferibile, quando si esercita, oscurare le finestre e predisporre un sistema di illuminazione soffusa e modulabile. I soggetti che si vogliono esaminare devono essere posti davanti a una parete bianca opaca o, se si preferisce, davanti a uno schermo di almeno tre metri per due su cui effettuare la proiezione delle diapositive. Vi è da osservare che quanto maggiori sono le dimensioni di questa superficie, tanto meglio si potrà svolgere l'attività in quanto gli strati aurici superiori possono estendersi in modo impressionante. L'illuminazione, come abbiamo accennato, deve essere esclusivamente artificiale affinché si possa regolare a piacimento. In particolare, la lampada potrà essere di tipo alogeno con luce bianca e con

Il terapeuta riequilibria il campo aurico del paziente e armonizza i sette chakra, ben visibili nel disegno. I metodi per armonizzare l'aura sono molteplici: dal Reiki, alla pranoterapia, alla cristalloterapia, alla floriterapia con i fiori di Bach.

un varialuce per modulare l'intensità luminosa a seconda delle esigenze soggettive. La fonte dovrà essere posta sul pavimento in modo da risultare radente e si dovrà evitare che produca effetti di abbagliamento. È importante che la temperatura ambientale non sia eccessivamente alta né troppo bassa, perché potrebbe influenzare l'ampiezza delle radiazioni auriche.

La "cavia"

Sistemato lo studio in cui esercitare, occorre trovare qualcuno disposto a sottoporsi alle prove. È ovvio che è preferibile "studiare" una persona che nutra stima e fiducia in ciò che state per fare. In altre parole, gli esperimenti avranno più successo se le reciproche aure saranno in sintonia fra di loro. È utile anche lavorare in gruppi nei quali sia possibile scambiarsi i ruoli di "veggente" e di "cavia" per confrontare le diverse impressioni. Il soggetto esaminato dovrà accertarsi di essere pulito e non sudato, in caso contrario le impurità distorceranno le radiazioni falsando le letture del corpo eterico. Sarà anche utile che chi ha i capelli lunghi li spazzoli per eliminare la carica elettrostatica che si forma sulla capigliatura.

> *Se tu sei amorevole e compassionevole con l'altra persona, se avverti il suo grande valore, se non la tratti come un meccanismo da essere messo a posto, ma come un'energia di immenso valore, se ti senti grato perché si fida di te e ti lascia giocare con la sua energia, allora piano piano avrai la sensazione come di suonare un organo. E non solo la persona ne avrà beneficio, ma anche tu stesso.*
>
> Osho

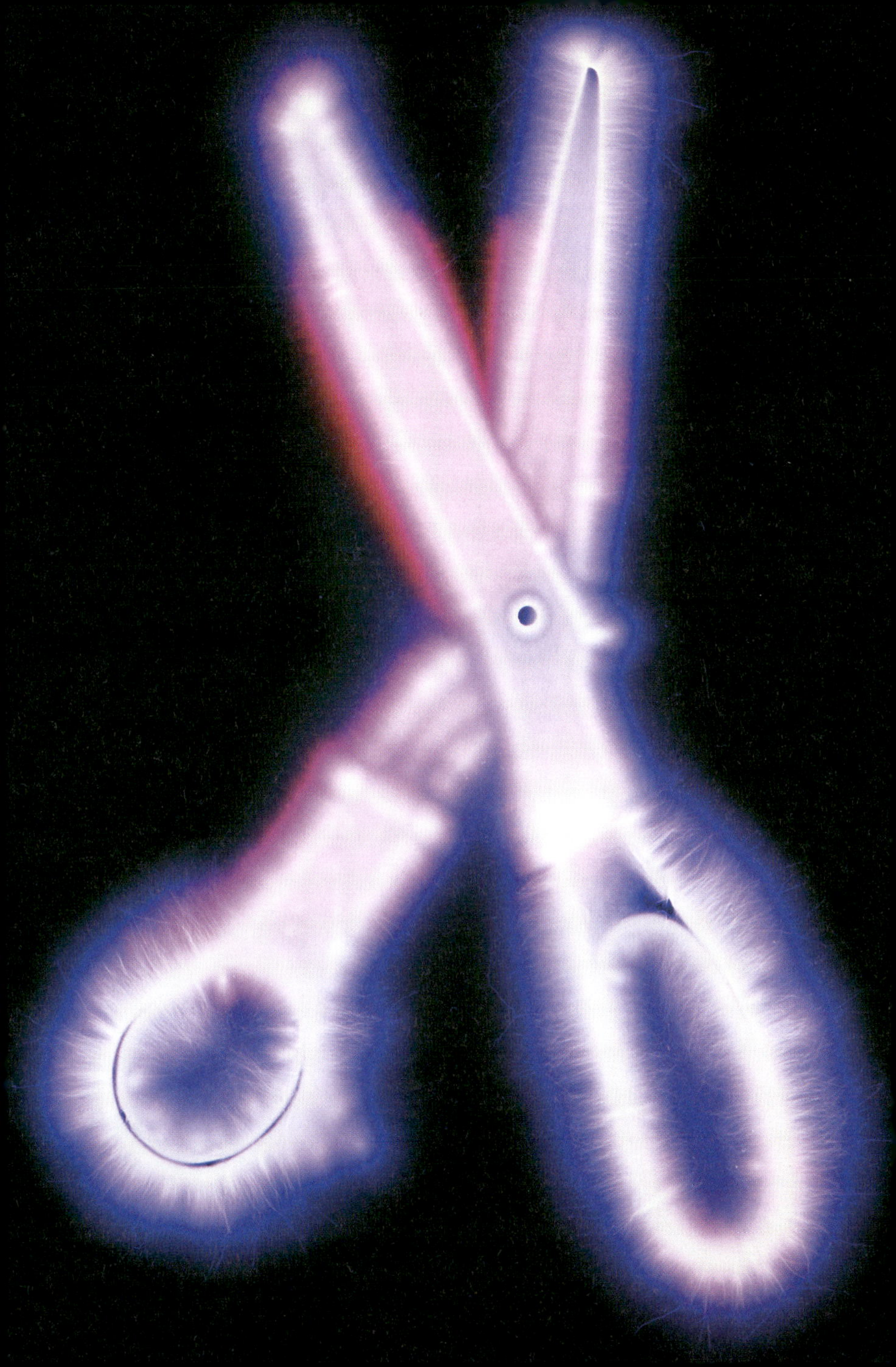

Abbiamo precedentemente accennato che anche gli oggetti inanimati hanno un'aura, seppur limitata, e dunque bisogna tener presente che la possiedono anche gli abiti. Se si vuole, allora, leggere solo l'aura umana è opportuno che il soggetto si svesta, restando solo con gli indumenti intimi. Occorre fare attenzione a certi indumenti intimi, soprattutto femminili, che hanno al loro interno ferretti di sostegno, poiché tali ferri possono distorcere notevolmente le lettu-

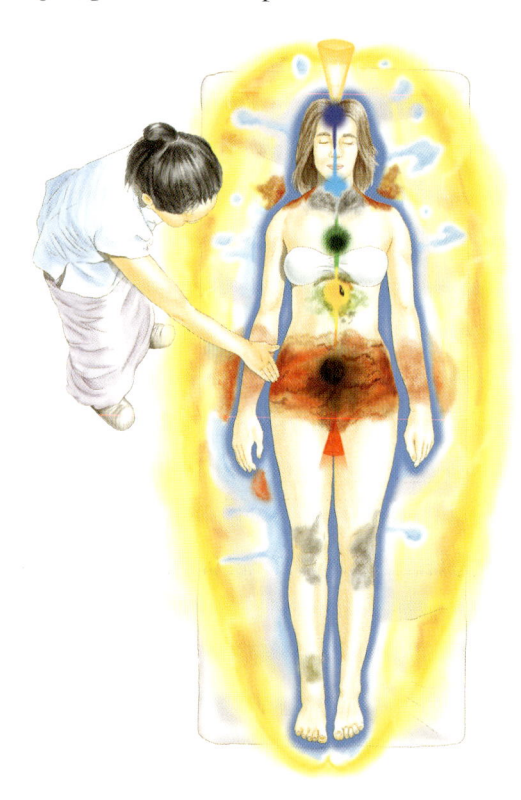

L'aura di un paziente all'inizio di una terapia di riequilibrio dei chakra.

re e indurre all'errore. È necessario, anche, che il soggetto si spogli di tutti gli oggetti che porta abitualmente con sé, come orologi, gioielli, occhiali. La confidenza nel rapporto è importante anche per evitare l'insorgere di imbarazzi dovuti all'osservazione del corpo scarsamente vestito. In caso contrario la lettura ne risente: un'eccessiva timidezza riduce la radiazione ai minimi termini. Se necessario, ribadite che il vostro obiettivo non è quello di fare il "guardone" né quel-

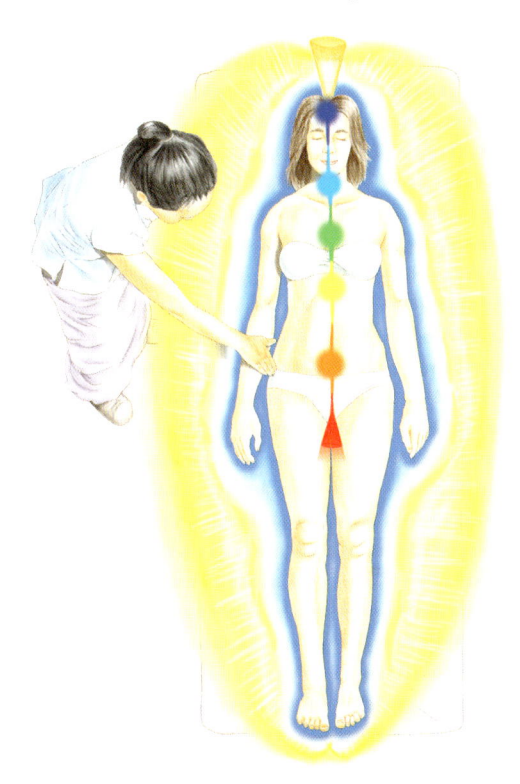

L'aura di un paziente al termine di una terapia di riequilibrio dei chakra.

lo di giudicare, ma se possibile di aiutare. Perciò è fondamentale instaurare un clima di fiducia reciproca e di rilassamento fra i soggetti che partecipano all'esperimento.

La lettura

Terminati i preparativi, invitate il soggetto ad accomodarsi a qualche centimetro dallo sfondo prescelto, avendo cura che non vi siano ombre che disturbino la lettura dell'aura. Quindi ponetevi a circa quattro metri dalla persona e regolate l'intensità luminosa secondo la vostra sensibilità.
Con la consueta tecnica fissate lo sguardo verso il soggetto e fate in modo che le informazioni provenienti dalle radiazioni dell'aura si manifestino. L'esame va svolto osservando la persona sia di fronte che di profilo e per non più di qualche minuto, onde evitare l'affaticamento oculare.

Inconvenienti

Molto probabilmente i primi esperimenti avranno successo e riuscirete a percepire gli strati inferiori dell'aura; ciò provoca una grande emozione del tutto giustificabile, ma poco utile per le successive letture. È facile, infatti, voler rivedere le stesse cose nelle sedute successive, ma così facendo si turba il livello emotivo della propria coscienza e si peggiora la qualità dei risultati.
Un altro inconveniente che interviene spesso in questi casi è dovuto alla conoscenza del soggetto esaminato.
Quasi inevitabilmente si avranno nei suoi confronti dei giudizi, dei desideri, dei sentimenti di avversione o di repulsione: ciò può falsare l'osservazione, che deve essere del tutto autonoma dal punto di vi-

sta dell'osservatore. Occorre dunque sforzarsi di dimenticare momentaneamente chi vi sta di fronte, basando la vostra ricerca su un criterio di impersonalità.

Prime osservazioni

La lettura dell'aura non segue regole precise né percorsi prestabiliti, sicché nessuno può essere in grado di dire in che modo le percezioni si presenteranno durante le sedute. In teoria e secondo la logica, gli strati aurici dovrebbero presentarsi nell'ordine descritto in precedenza, partendo da quello più vicino al corpo fisico – l'aura eterica –, proseguendo verso l'esterno con l'aura emotiva e così via. In pratica, però, molto spesso si percepiscono i campi energetici in ordine sparso; ciò è dovuto allo stato di coscienza in cui ci si trova

Ipnosi regressiva e vite precedenti

Come spiegano molti terapeuti in grado di vedere, leggere e riequilibrare l'aura, spesso alla radice di una sofferenza o di un trauma si trovano eventi non collegati alla vita presente della persona, ma riconducibili alle sue vite precedenti. Come raccontano lo psichiatra Brian Weiss e la terapeuta Barbara Ann Brennan, grazie all'ipnosi regressiva, il paziente rivive la sofferenza connessa a una vita anteriore e se ne libera, sbloccando così traumi che non sono stati risolti con altre terapie. Questo avviene nel corso di sedute in cui il paziente è sottoposto a una forma specifica di ipnosi.
Secondo questa teoria, esisterebbe un collegamento diretto tra tutte le vite di una persona: spesso quando c'è un problema grave e cronico, alla radice si troverebbe quindi un blocco antico, provvisto di una forte carica energetica.

al momento della lettura. Non bisogna preoccuparsi eccessivamente se talvolta, nella fase iniziale della propria esperienza, non si riesce a percepire alcuna aura. Conseguire costantemente lo stato mentale più adatto per le percezioni non sempre è facile, ma con gli esercizi costanti precedentemente suggeriti le esperienze positive si moltiplicheranno. Passeremo ora alla descrizione delle percezioni che generalmente si riscontrano osservando i diversi strati dell'aura.

Aura eterica

L'aura eterica, come è stato detto in precedenza, copia il corpo fisico, ma alcune volte se ne può discostare in modo più o meno considerevole. Per notare queste particolarità si può chiedere all'individuo sottoposto all'esperimento di compiere un brusco movimento: subito dopo il movimento si noterà che il corpo eterico rimane per pochi istanti nella posizione originale per poi dissolversi progressivamente e ristabilirsi intorno al corpo fisico.

La lettura di questo strato dell'aura è molto importante perché dà informazioni circa la salute generale del corpo fisico e sulla circolazione del prana nell'organismo. È proprio il prana a determinare la qualità del corpo eterico e il suo spessore.

Generalmente, quando si ha un'aura eterica assottigliata e spenta si è in presenza di una disfunzione dell'organo o della parte fisica corrispondente. Tale disfunzione è dovuta a una scarsa irrorazione pranica. Oltre a tali assottigliamenti, capiterà di percepire dei veri e propri strappi o dei buchi o, ancora, dei rigonfiamenti a livello della superficie. Perciò, quanto più consistente sarà lo spessore dell'aura eterica, tanto maggiore sarà la forza fisica del soggetto. A questo livello di percezione è abbastanza agevole individuare i canali di

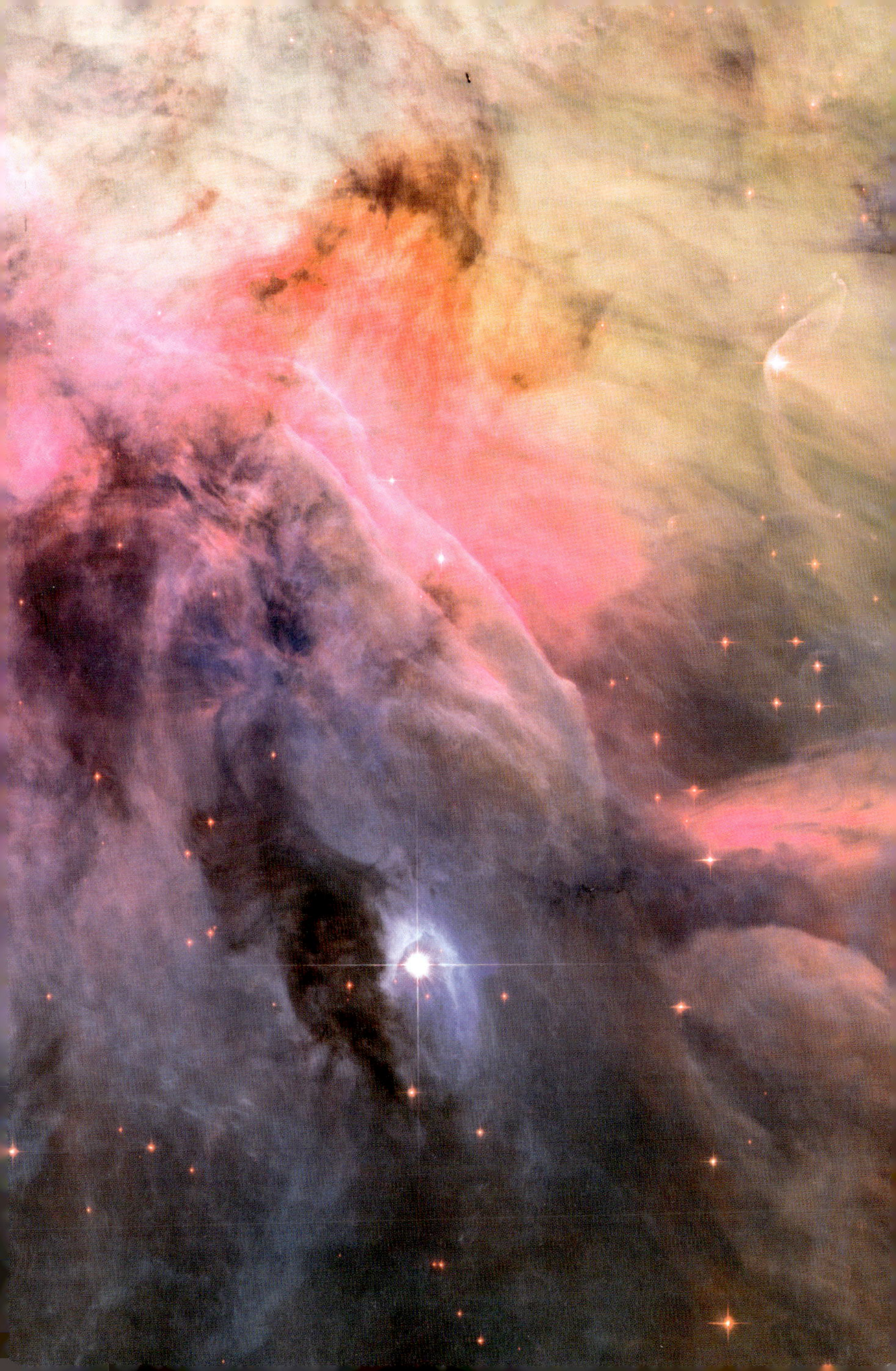

scorrimento dell'energia pranica nel corpo eterico e in quello fisico. Capiterà di vedere una fitta rete di linee bianche che solcano il corpo eterico in tutta la sua estensione: essa è del tutto simile a quella sanguigna, ma veicola l'energia pranica. Nella tradizione indiana questi vasi vengono chiamati *nadi* e hanno diversi spessori e diverse sezioni. I più visibili scorrono lungo gli arti e lungo il busto. Il più importante, che scorre lungo la colonna vertebrale, trasmette l'energia vitale a tutto il corpo.

Le *nadi*, quando si incrociano, formano dei centri di forza detti chakra, i più significativi dei quali sono sette e sono situati nei plessi nervosi più importanti. Come è stato detto in precedenza, i sette chakra principali sono posti lungo la corrente energetica che scor-

L'aiuto di uno spirito guida...

Ecco cosa racconta la celebre terapeuta Barbara Ann Brennan, autrice di numerosi best seller sul campo energetico umano, a proposito delle sue terapie sull'aura: "Dopo un certo tempo feci amicizia con uno spirito guida in particolare, che è con me da molti anni: si chiama Heyoan. Mi dice di non avere sesso: ma a me piace pensarlo come un'entità maschile. Sono molti anni che curo i pazienti insieme a Heyoan e alle guide dei pazienti che con loro entrano nel mio studio. Ora Heyoan e io insegniamo agli altri a diventare terapeuti. Insegno per un po', poi entro in uno stato alterato di coscienza e pratico il channelling, *mettendomi in comunicazione con Heyoan; a quel punto è Heyoan che insegna attraverso me e regolarmente si apre negli allievi un livello di comprensione spirituale molto più elevato di quando comunico senza il* channelling".

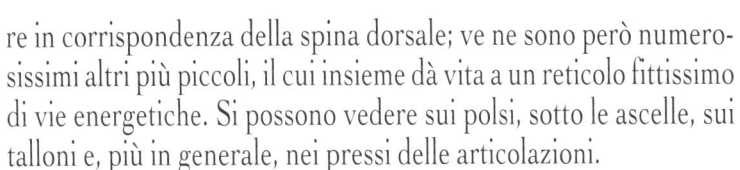

re in corrispondenza della spina dorsale; ve ne sono però numerosissimi altri più piccoli, il cui insieme dà vita a un reticolo fittissimo di vie energetiche. Si possono vedere sui polsi, sotto le ascelle, sui talloni e, più in generale, nei pressi delle articolazioni.
È particolarmente utile osservare il soggetto di profilo sia per vedere come i chakra proiettino la loro luce al di là del corpo eterico, che per vedere contemporaneamente le due componenti, anteriore e posteriore, di quelli mediani. Generalmente si percepiscono come dei coni di luce colorata roteanti di diversa ampiezza, a seconda della loro apertura.
Il turbine che si crea grazie alla rotazione fa sì che i chakra servano per convogliare l'energia universale all'interno del campo energetico umano, pertanto più sono aperti, più energia convoglieranno.
Da una prima lettura dell'aura eterica, dunque, si è in grado di vedere se questi centri funzionano in maniera corretta. L'importanza di tale funzionamento dipende dal fatto che ognuno di essi presiede allo stato di salute di alcuni organi e delle ghiandole endocrine. Con il tempo si imparerà non solo a osservare il contorno dell'aura, ma anche la sua superficie, che potrà presentare delle macchie luminose, che sono indizi importanti per conoscere lo stato di salute dell'organismo.

Aura emotiva e astrale

Queste due aure sono il riflesso delle emozioni dell'uomo, della sua vita affettiva e dei suoi umori. Entrambe presentano una notevole varietà di colori, la loro forma non è strutturata e vi sono continue fluttuazioni di materia eterea. Tendenzialmente hanno gli stessi colori, ma in genere le tonalità dell'aura astrale sono intrise di rosa, il colore dell'amore. Il chakra del cuore di una persona piena d'amore, infatti, avrà una forte colorazione rosa. Non ci si deve sorprendere se

nel leggere queste aure in tempi diversi le si troveranno mutate, poiché nella maggior parte di noi sono estremamente instabili.
Esse, come è stato accennato, non sono strutturate, perciò, analizzandole, si potranno vedere turbini, lampi, filamenti percorrere tutto il corpo. È probabile, tuttavia, che nelle prime letture si percepisca solo il colore di base delle aure in questione. Tale colore, al contrario degli altri, non varia di momento in momento, ma è relativamente stabile.

Aura mentale

L'aura mentale presenta minori tonalità di colori rispetto a quelle emotiva e astrale. Le sue radiazioni sono collegate con i pensieri e con le attività mentali. Il corpo mentale appare di solito come un'intensa radiazione gialla intorno al capo e alle spalle, che poi scende lungo tutto il corpo. Anche l'aura mentale ha una sua struttura: essa contiene la forma delle nostre idee. È generalmente gialla e al suo interno si possono "scorgere" i pensieri, che appaiono come addensamenti dai contorni e dall'intensità luminosa variabile. Talvolta è buffo assistere al formarsi dei pensieri perché il fenomeno avviene come un'eruzione di lapilli i quali si staccano dall'aura mentale e viaggiano per conto proprio.
Alle forme dei pensieri spesso si sovrappongono altri addensamenti di diverso colore a seconda dell'emozione che accompagna quel determinato pensiero. Più l'idea è chiara nella mente dell'individuo, più la sua forma a livello aurico sarà precisa e stabile, sicché, concentrandosi sulla forma di un pensiero, lo si può irrobustire.
I pensieri abituali diventano strutture ben conformate, assai solide, la cui influenza si fa sentire in modo rilevante.

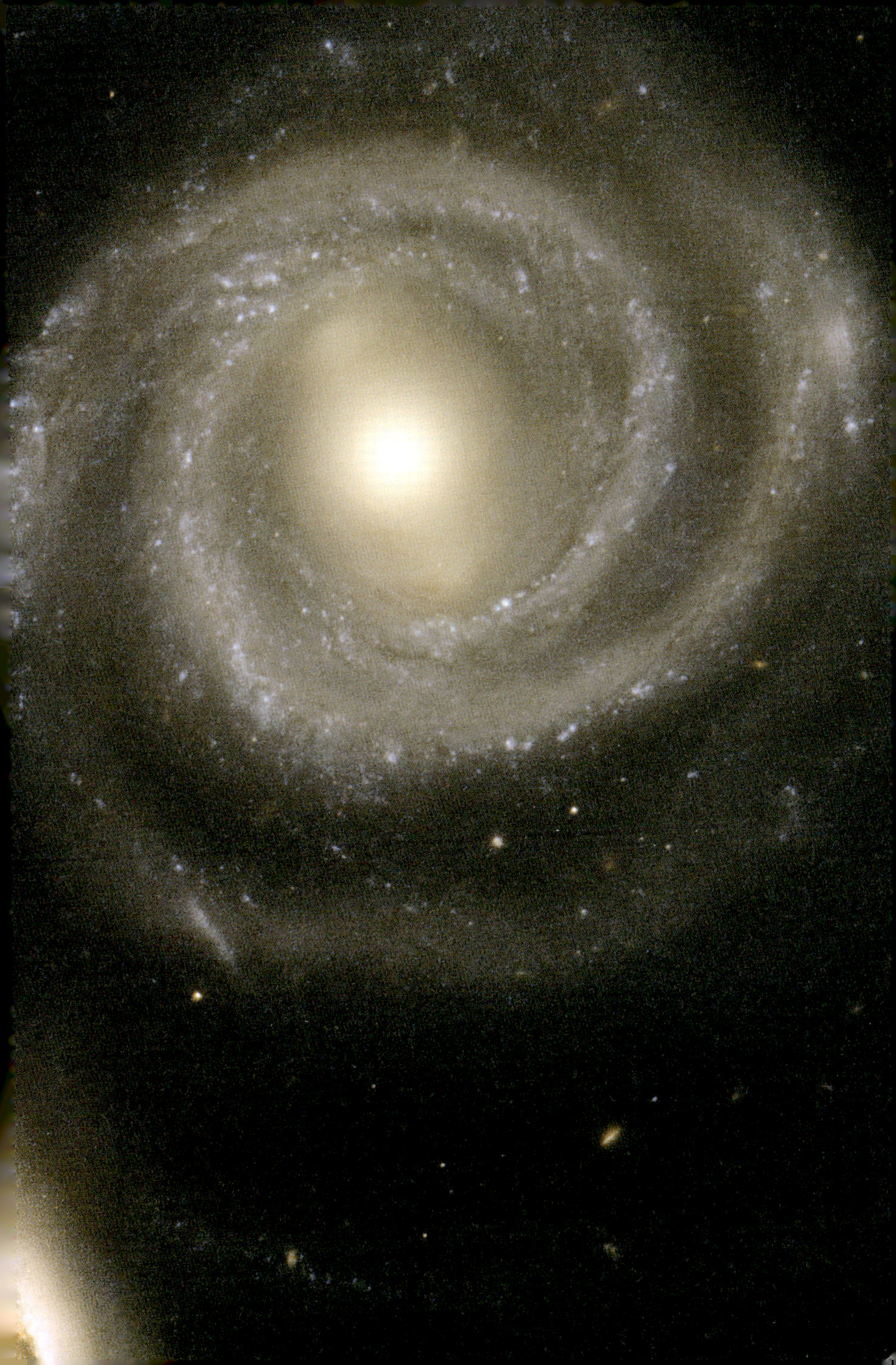

Aura eterica "matrice"

Lo strato eterico "matrice" contiene tutte le forme, quasi fosse un negativo fotografico o uno stampo; esso infatti è la matrice del corpo eterico che è, a sua volta, matrice di quello fisico. Osservando questo strato si potranno vedere sottili fili bianchi su di uno sfondo blu intenso. La sua forma è quella di un alone ovale molto allungato, all'interno del quale si possono vedere tutte le forme in negativo degli organi, degli arti e dei chakra, "disegnate", appunto, da sottili fili bianchi.

Aura celestiale

Il corpo celestiale appare, a chi ha la fortuna di riuscire a percepirlo perché ha sviluppato la capacità di vedere l'aura, come una moltitudine di raggi luminosi differentemente colorati che si irradiano dal centro del corpo. Non ha una forma ben definita, ma tante lame di luce che sporgono dall'uovo aurico; queste hanno di solito riflessi dorati o argentei.

Aura causale

Il corpo causale appare come una luce dorata molto luminosa che pulsa rapidamente e sembra composta da un'infinità di fili dorati.
La sua forma è ovale e contiene tutti gli strati dell'aura; in esso, inoltre, si possono percepire la struttura del corpo fisico e quella dei chakra, e anche la corrente energetica, formata da filamenti dorati, che passa lungo la spina dorsale. La parte esterna di questo campo, dotata di uno spessore di pochi millimetri, sembra proteggere tutti gli altri.

Percezione dei colori dell'aura

Quando si inizia a leggere l'aura non si ha immediatamente una comprensione diretta del significato dei colori che appaiono, ma con l'esperienza e lo sviluppo della propria sensibilità il senso diverrà più chiaro.

è bene ricordare che l'argomento è particolarmente delicato in quanto ogni persona ha una percezione leggermente differente dei colori; ciò è dovuto all'oggettiva difficoltà di definirli con un nome che esprima adeguatamente la loro natura e alla diversa sensibilità soggettiva.
In ogni caso, l'analisi e soprattutto le diagnosi realizzate mediante la lettura dei colori dell'aura devono essere fatte con il maggior scrupolo possibile. È ovvio che occorrerà effettuare non una, ma diverse letture per essere sicuri di ciò che si percepisce e di ciò che le percezioni significano. Sarà anche importante effettuarle variando le condizioni esterne, ossia l'ora della diagnosi, il giorno e così via.
I colori che appaiono alla percezione sono generalmente quelli contenuti nelle aure emotive, ossia nell'aura emozionale e in quella astrale. In questi campi vi è una tinta stabile che rappresenta la caratteristica fondante del temperamento del soggetto, mentre le numerose altre indicano l'evolversi delle emozioni e dei sentimenti a seconda della contingenza.

Molto spesso le "nuvole" di colore formano delle volute o dei turbini che stazionano nelle vicinanze di determinati organi, indicando stati di salute fisica o mentale più o meno stabili.
È opportuno segnalare ancora due punti: in primo luogo il fatto che i colori non hanno necessariamente un solo significato, ma che quest'ultimo dipenderà soprattutto dalle sfumature che assumerà in un determinato momento. In secondo luogo, che non esistono colori "buoni" e colori "cattivi", visto che il loro significato dipenderà dalla tonalità e dalla limpidezza con cui si presentano.

Rosso

Il rosso brillante è segno di vitalità e di dinamismo sia a livello mentale che a livello fisico. Nel primo caso lo si noterà all'altezza del capo sotto forma di nuvole o di strisce vaporose, nel secondo caso, invece, lo si individuerà nei pressi degli arti o della vita con emanazioni più regolari e meno vaporose. Se il rosso vivo costituisce la tonalità

Aura di un uomo che indossa una camicia di questo colore.

Aura di un bambino che gioca.   *Aura di una ragazza molto emotiva, che sta provando un grande dolore.*

dominante delle aure emotive, ciò significa che il soggetto ha una personalità esuberante, ma che non riesce a incanalare le proprie energie in maniera del tutto proficua; questa tonalità è segno, inoltre, di un carattere piuttosto instabile.

Al contrario, se al rosso vivo sono mescolate delle striature verdi, il soggetto avrà una decisa propensione all'interazione con gli altri e al raggiungimento diretto degli obiettivi. Il rosso carminio, pur essendo a sua volta brillante, è più scuro della precedente tonalità e indica un'attitudine al comando. Essa è latente se si trova sotto forma di nebbia intorno al capo, mentre è esplicitata se si percepiscono dei veri e propri raggi luminosi.

La prevalenza di questa tonalità nell'aura astrale indica una personalità dispotica, soprattutto se vi sono tracce di grigio al suo interno. La presenza di rosso carminio in corrispondenza di un organo è sinto-

Aura di un uomo che parla del suo argomento preferito.

Aura di una donna arrabbiata.

mo di un'infezione. Un rosso molto scuro all'altezza della fronte e della nuca è indice di ira e di collera; qualora questa venga espressa apertamente, si determina uno schiarimento del rosso. Si può agevolmente osservare che queste manifestazioni d'ira colpiscono anche l'aura eterica, assottigliandola in determinati punti. Segno, questo, che le emozioni fortemente negative possono aprire delle pericolose brecce nell'aura eterica e causare dei disturbi fisici.
Il rosso venato da sfumature rosa rivela bisogno di amore, di piacere; se frammisto all'arancione, indica un soggetto con grande passione sessuale, mentre il rosso chiaro con striature vermiglie indica orgoglio. Succede a volte di percepire bagliori di luce sprigionarsi alla pe-

riferia del corpo emozionale sotto forma di scintille: se sono di colore rosso vermiglio intenso, sono spia di ansietà, se sono più tenui e rosate, denotano nervosismo. Un'attenzione particolare va dedicata alle macchie rosso-brunastre, che segnalano formazioni cancerose. Abbiamo già detto che le malattie si manifestano prima a livello sottile, poi a livello fisico.

Da qui si comprende quanto sia importante la lettura dell'aura per la prevenzione: se si individua una macchia del genere nell'aura mentale, si può intervenire preventivamente facendo cambiare al soggetto gli atteggiamenti mentali che favoriscono l'insorgenza dei tumori.

Non sembri strano il fatto che i tumori possano avere origini psicosomatiche perché sempre più numerosi sono gli studi, anche della medicina ufficiale, giunti a conclusioni di questo tipo. Sottolineiamo ancora che, soprattutto nella diagnosi di un'evenienza così grave, è necessario compiere un certo numero di rilevazioni in tempi diversi prima di essere sicuri dell'esattezza della previsione.

Arancione

È un colore indice di grande vitalità anch'esso, sia che permei l'aura, sia che si riscontri in corrispondenza di un arto. In un caso sarà segno di generosità, nell'altro di uno sforzo intenso, ma non distruttivo. In generale l'arancione indica ambizione, buona volontà e concretezza nella vita quotidiana.

Se risulta mescolato con un giallo pallido non brillante, però, assume un diverso significato: il soggetto tenderà a usare le sue qualità per sottomettere chi gli sta accanto. La presenza di macchioline giallo-ocra in mezzo all'arancione denota pigrizia.

Giallo

In genere ogni aura presenta all'altezza della testa nubi gialle: queste indicano l'attività cerebrale. Spesso parti di esse si staccano dalla forma aurica per vagare nello spazio circostante. Nei casi in cui il soggetto compia un notevole sforzo intellettuale, la nube gialla si espande e sprizza scintille bianche o gialle in ogni direzione. È questa la superficie in cui prendono corpo le forme-pensiero.
Il giallo acido manifesta la supremazia della ragione rispetto ai sentimenti, soprattutto se è la tonalità prevalente nell'aura emozionale, mentre sta a significare una grande attività intellettiva se occupa l'aura mentale. Quanto maggiore è la componente acida della tinta, tanto più l'attività cerebrale sarà sviluppata; le macchie di rosso al-

*Aura di una persona
in equilibrio energetico.*

*Aura di una donna
che non sfoga la sua rabbia.*

l'interno del giallo indicano la presenza di idee ossessive. Un giallo pallido nell'aura astrale sarà segno di poca volontà e di scarsa fiducia nei propri mezzi. Spesso questo tipo di colorazione aurica presenta macchie o striature, indici di alcuni difetti. Striature di color ruggine testimoniano di una propensione all'opportunismo; se accoppiate a macchie grigie, saranno indicative di una tendenza alla menzogna.

Aura di una coppia innamorata, felice e in armonia energetica.

Il materialismo, infine, è segnalato da macchie verdi e marroni. Il giallo scuro è indice di un'elevata propensione alla saggezza, resa possibile dal raggiungimento dell'equilibrio fra ragione e spiritualità; solitamente in questo caso la tonalità permea tutti gli strati aurici.

Verde

Il verde intenso denota grande disponibilità verso gli altri, che si esplica nei più diversi campi, dall'insegnamento, alla professione medica, al volontariato. Questo tipo di verde frammisto all'azzurro cielo sta anche a indicare una certa ricerca della bellezza.

Il verde, soprattutto quando ha una tonalità elettrica e appare lungo le braccia e sulle mani, rivela che il soggetto possiede poteri terapeutici ed è in grado di curare con l'imposizione delle mani. Tale possibilità diventa molto elevata quando la tonalità del verde percepito appare smeraldina: in tal caso le capacità terapeutiche saranno estese non solo alla sfera fisica, ma anche a quella psichica. Il verde pallido con

Aura di una persona che sta spesso con il capo inclinato da una parte.

Aura di un musicista che si esibisce a un concerto.

venature di giallo o di rosso ruggine rivela, invece, una tendenza all'ipocrisia. Al contrario, se vi sono striature di rosso brillante si può affermare che il soggetto ha una personalità in cui il senso dell'avventura e quello della responsabilità sono in perfetto equilibrio. Se tale combinazione costituisce la tonalità dominante dell'aura di un individuo, questi metterà in luce un'assoluta dedizione a una causa particolare.

Blu

L'azzurro vivace è indice di carattere onesto e socievole, soprattutto se costituisce la tonalità di base dell'aura astrale. Inoltre, un soggetto con queste caratteristiche è predisposto alla metafisica e più il colore diventa elettrico, più la predisposizione risulta concreta. Anche l'azzurro lavanda è indice di capacità spirituale rivolta in parti-

Alimentazione e aura

Se con l'alimentazione non offriamo al nostro corpo tutti i nutrienti necessari, il campo energetico si esaurisce: l'aura sarà più debole proprio nelle zone più fragili del nostro organismo. Anche una dieta inappropriata o un'alimentazione eccessiva provocano squilibrio nel campo energetico: l'aura delle persone che mangiano troppo o in modo disordinato ha infatti un aspetto scuro essendo carica di tossine. Per caricare l'aura prendete l'abitudine di fare una breve meditazione, prima di mangiare, tenendo le mani sopra al cibo e sintonizzandovi con le sue vibrazioni: il cibo risente dell'energia di chi lo cucina, delle vostre emozioni o di quelle di chi vi siede accanto mentre mangiate. Per questo motivo cercate di tenere le preoccupazioni lontane dalla vostra tavola e, soprattutto, dalla vostra cucina.

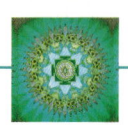

colare verso la meditazione e la preghiera; se mescolato al rosa, però, può essere sintomo di integralismo religioso.

Un colore azzurro pallido, invece, denoterà un carattere timido e influenzabile, così come l'azzurro lavanda mescolato al giallo pallido. Il blu scuro nell'aura astrale rivela la presenza di grande determinazione, soprattutto quando tale colore predomina nella parte superiore della radiazione aurica e, in particolare, in corrispondenza del settimo chakra. La forza di volontà può diventare testardaggine se, insieme alla componente rosso carminio, se ne trova una blu scura. Il grigio mescolato con il blu nella parte superiore del busto, e soprattutto in prossimità del capo, è indice di pessimismo e fatalismo.

Viola

La percezione del viola, invero piuttosto rara, è propria di un soggetto dotato di una forte spiritualità. Il mistico, infatti, ha come tonalità di base nell'aura astrale il viola vivace. Più spesso, però, si notano delle zone che presentano questo colore in tonalità impure.

Aura di una ragazza che sta meditando.   *Aura di una donna incinta.*

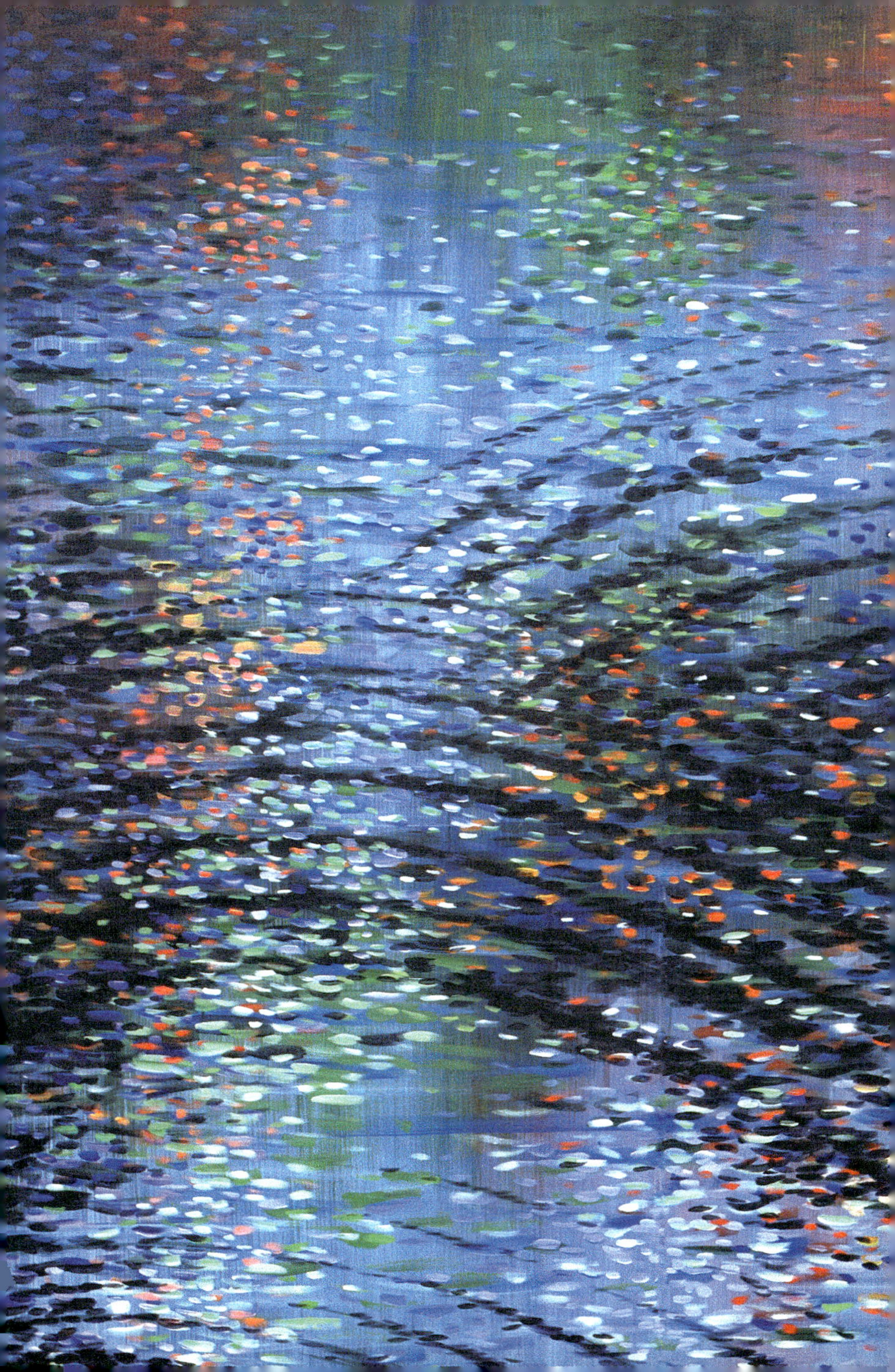

Secondo alcuni sensitivi, l'aura avrebbe un peso.

Quando sono maculate di giallo si è in presenza di un soggetto che nutre per lo spirito una curiosità di natura prevalentemente intellettuale. Il viola pallido indica più in generale un interesse per la religione o la metafisica, con tendenze alla ricerca attiva se frammisto al blu.
Sfumature grigie, invece, segnalano una certa influenzabilità, a causa della quale il soggetto può andare incontro a cocenti delusioni. Se la radiazione viola è attraversata dal rosa, è probabile che il soggetto ostenti una falsa spiritualità, proponendosi di ricavarne vantaggi materiali.

Grigio

Il grigio, che non è un vero e proprio colore, si presenta sempre accompagnato ad altre tonalità, che tende a offuscare.
Generalmente il grigio rivela una certa stanchezza dell'organismo, una malattia o una delusione. Esso può estendersi sull'intera aura o essere localizzato solamente in prossimità di zone ben precise, come nel caso di disfunzioni di un particolare organo.
Quando il grigiore dell'aura persiste per lungo tempo è segno che per il soggetto è imminente il pericolo di entrare in un vortice depressivo; nel caso di dispiaceri o stanchezza questa tonalità scompare presto.

Nero

Neppure esso è un colore, ma piuttosto il risultato di una completa sottrazione di luce. Fortunatamente non appare spesso nell'aura, tuttavia, quando si manifesta, indica un odio profondo. Generalmente si presenta a macchie le quali hanno il potere di esaurire l'apporto energetico dell'individuo e di condurre all'insorgenza di malattie gravi come i tumori.

Bianco

Il bianco rappresenta la risultante di tutti i colori dello spettro. La percezione di un bianco lucido con riflessi dorati indica la presenza di uno spirito di grande purezza. È raro poterlo vedere perché solo con un'elevazione costante della coscienza questa tonalità compare stabilmente nell'aura. Il bianco lattiginoso, invece, è segno di una personalità insicura e ancora alla ricerca della propria identità.

Abbigliamento e aura

La nostra aura reagisce ai colori dei vestiti che indossiamo: in genere si ha voglia di indossare il colore di cui abbiamo bisogno o quello con cui ci si sente più in armonia. Per esempio, se ci manca energia fisica sentiamo il bisogno di vestirci di rosso, ma il rosso è anche il colore della rabbia, quindi meglio evitarlo se dobbiamo affrontare un incontro di chiarimento o una discussione accesa. Il rosso è anche un colore che scherma dalle energie che ci circondano e ne impedisce l'assorbimento, quindi una maglietta rossa va benissimo se ci sentiamo appesantiti in un ambiente che percepiamo come "negativo".

L'Aura-Soma di Vicky Wall

Vicky Wall, vissuta nello scorso secolo, sensitiva e chiaroveggente, fin da piccola era in grado di vedere l'aura colorata intorno alle persone ed era capace di guarire le persone con l'imposizione delle mani. Suo padre era un Maestro della Cabala ed era anche un profondo conoscitore dell'erboristeria; questa "eredità" sarebbe molto servita a Vicky, nel suo lavoro di farmacista perché nel periodo della Seconda guerra mondiale avrebbe creato, sfruttando la conoscenza trasmessa dal padre e unendola al suo profondo intuito, cosmetici e creme curative. Quando Vicky era ormai ultrasessantenne, venne colpita da un grave attacco di trombosi coronarica che le danneggiò il cuore e le fece perdere la vista. La cecità fu però, per Vicky, un dono perché in lei si acuirono la vista interiore e il sesto senso, col risultato che questa donna straordinaria iniziò a percepire l'Essenza delle persone. Durante una meditazione, una notte, Vicky vide dei bellissimi colori che l'avvolgevano, e sentì una voce che le diceva in modo imperativo: "Dividi le acque, figliola!". Nel suo laboratorio "mani invisibili" la aiutarono a creare le prime bottiglie colorate: dentro queste boccettine tutte colorate in modo diverso e luminosissime, una frazione oleosa galleggiava su una frazione acquosa. Inizialmente Vicky era del tutto inconsapevole delle finalità di queste bottigliette che sembravano "crearsi da sole"; dopo un po' di tempo si scoprì che gli oli, gli estratti delle piante e le essenze in esse contenute avevano un notevole potere di sostenere la trasformazione della coscienza, rivitalizzando e bilanciando l'aura e i chakra. Quando Vicky presentò le boccette colorate a una fiera la gente ne rimase affascinata: fu in quell'occasione che Vicky cominciò a capire a cosa servissero le misteriose bottigliette dato che le persone le sceglievano degli stessi colori che lei vedeva nella loro aura. Una scoperta che la portò a dire: "Tu sei i colori che scegli" e che ha dato origine all'approccio terapeutico olistico denominato Aura-Soma.

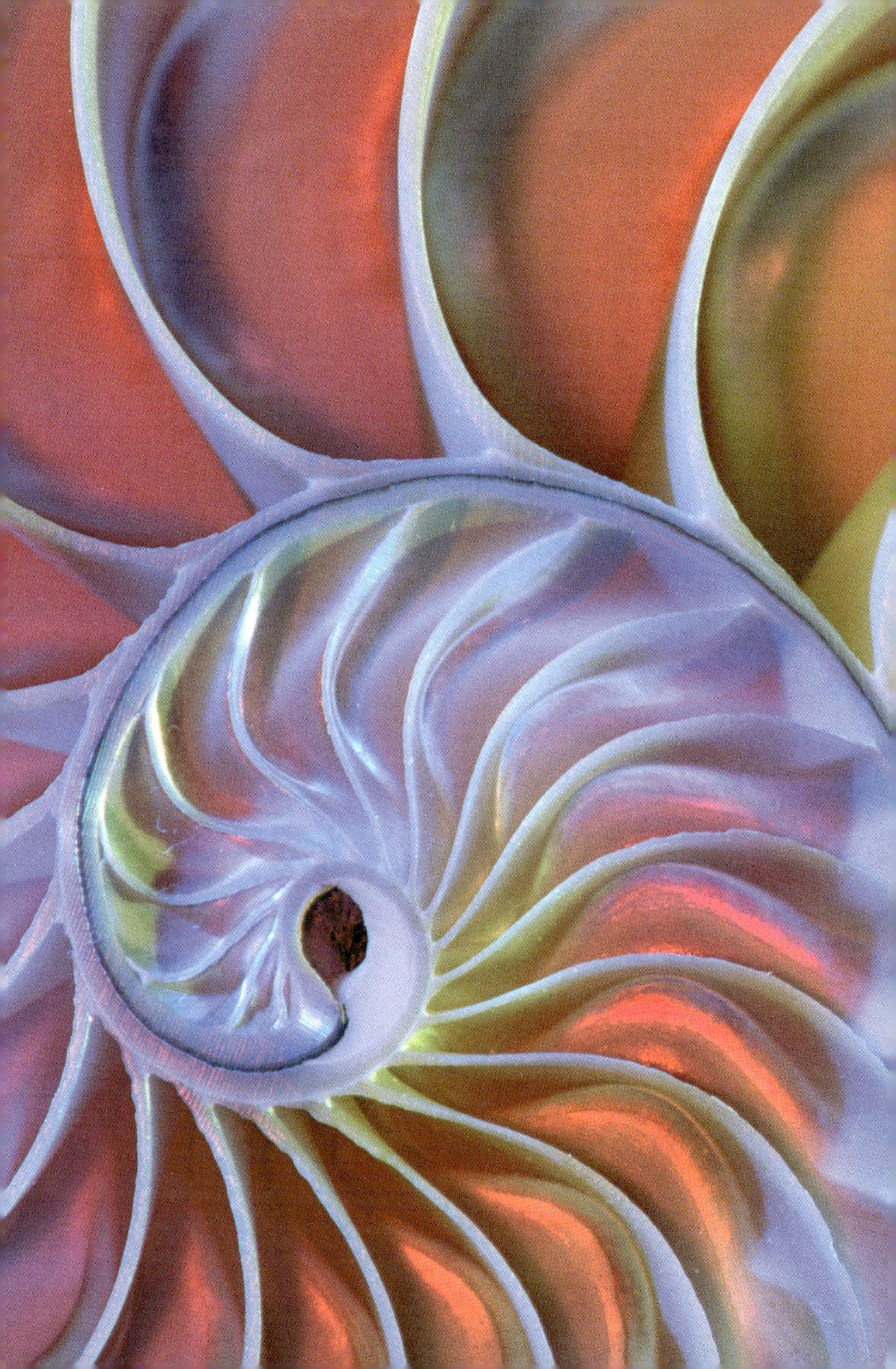

I segni e le macchie dell'aura

Il campo energetico delle persone può assumere molte forme: talvolta vi si riconoscono indizi che fanno intuire la presenza di problemi psicologici e fisici. Vediamoli.

O ltre alla lettura dei colori, nell'analisi dell'aura è essenziale imparare a decifrare il senso di alcune alterazioni del campo energetico: macchie, strappi, buchi, scintille, ognuno con un proprio significato e uno specifico messaggio.

I blocchi

È possibile, in taluni casi, percepire alcune protuberanze dell'aura eterica all'altezza di muscoli o di organi particolarmente sviluppati nel soggetto. Tale fenomeno non deve destare preoccupazioni, a meno che le protuberanze non assumano un colore rossastro: se così fosse, significherebbe che il soggetto lamenta uno strappo muscolare o una distorsione articolare. Se i rigonfiamenti individuati si situano all'altezza delle spalle, delle vertebre cervicali o delle altre articolazioni e hanno un colore grigiastro, sono segno di un ristagno energetico nocivo per l'organismo. Sono dovuti a svariati fattori quali lo scarso esercizio fisico, il nervosismo e l'ansia; la loro presenza finisce per intasare il corpo eterico impedendo un corretto scorrere del prana al suo interno. La sensazioni fisiche provate dal soggetto con questi blocchi sono mal di testa, mal di schiena, tensioni muscolari in genere.

Gli strappi

La percezione di cavità, buchi o strappi nell'aura eterica segnala una grave insufficienza circolatoria del prana nelle *nadi* di quella zona; con il perdurare della situazione, si possono sviluppare pericolose patologie. Quando il corpo subisce una frattura o un'incrinatura questi segni sono accompagnati da nubi rossastre o grigie. Vi è da tenere in conto che è possibile che vecchie fratture lascino dei segni nell'aura eterica anche dopo essere guarite a livello fisico; è opportuno dunque compiere almeno un paio di attente letture prima di pronunciarsi sull'entità dello strappo.

Le perdite

Talvolta, nell'aura eterica di alcuni soggetti si distinguono dei buchi attraverso i quali si verificano perdite dell'energia vitale. Solitamente le perdite hanno un colore bianco sporco, e sono perciò difficilmente confondibili con la percezione dei chakra, i quali appaiono invece come dei turbini brillantemente colorati. In ogni caso la perdita energetica in corrispondenza di un organo sarà indice di qualche patologia da curare al più presto.

Le macchie

Sono sicuramente il segno più negativo che si possa riscontrare a livello del campo energetico umano. Possono essere limitate a uno strato particolare o interessare l'intero uovo aurico.

Le macchie di questo genere sono sempre di colore grigio molto scuro o rosso brunito. La gravità del disturbo sottostante alla macchia è rivelato soprattutto dall'intensità della colorazione grigia e dal suo perdurare nel tempo, piuttosto che dall'estensione del "muco aurico". Lievi disturbi, infatti, possono provocare l'insorgenza di macchie grigie diffuse estesamente, ma non per questo gravi; un punto meno esteso e più intensamente grigio, invece, potrà essere segnale di un malanno piuttosto grave. Anche l'assunzione di sostanze stupefacenti come l'eroina, la cocaina, la marijuana o l'LSD produce estese macchie grigio-verdi all'altezza del capo. Va da sé che se si individua la macchia nei corpi più sottili di quello eterico, ossia quando il disturbo è in incubazione a livello psicosomatico, si può attuare un'efficace azione preventiva.

Il lavoro primario è il lavoro sul corpo. Questo va ricordato. Le persone hanno bisogno di essere riportate nei loro corpi. Si sono mosse troppo lontano nelle loro teste. Hanno perso radicamento nei loro corpi. Non sono più nei loro corpi, ci girano intorno come fantasmi. Hanno bisogno di essere riportate dalla testa al corpo. Una volta di nuovo nel corpo, ogni cosa diventa possibile perché diventano esseri vivi e sensibili. Quando cominciano a percepire la loro energia, l'energia del loro corpo, smettono di essere cristiani, indù o mussulmani. Sono semplicemente esseri umani. Diventano parte del mondo animale al quale appartengono. Diventano vitali, pieni di vita come gli alberi, gli animali, gli uccelli e ogni cosa diventa possibile.

Osho

I lampi e le scintille

I lampi e le scintille sono facilmente osservabili nelle aure emotive. Quando un soggetto è irritato e sfoga la sua rabbia violentemente, dalla sua aura astrale si staccano lampi di luce rossa che possono anche assumere una colorazione tendente al nero se alimentati da un odio profondo.

Rimozione del muco dallo strato aurico grazie all'utilizzo di un cristallo a forma di prisma.

I cristalli per riequilibrare l'aura

Acquamarina: *ha azione purificante sul corpo in generale. Sceglietela quando siete in un momento di sovraccarico: eccessi di cibo; uso intenso di medicinali; accumulo di tossine per scarso moto all'aria aperta e così via.*

Agata: *infonde energia. Sceglietela quando vi sentite un po' fiacchi, se siete in un periodo di dispendio di energie.*

Amazzonite: *rinforza l'organismo. Scegliete l'amazzonite quando siete stanchi, affaticati o state vivendo una situazione difficile, fisica o psichica.*

Azzurrite: *favorisce l'utilizzo di ossigeno da parte del corpo. Sceglietela quando fate moto all'aria aperta per utilizzare al meglio l'ossigenazione e quando dovete stare a lungo in ambienti chiusi.*

Corniola: *rivitalizza le cellule. Sceglietela se avete subìto piccole ferite, interventi di piccola entità, oppure se notate la pelle spenta.*

Diaspro: *rinforza tutto l'organismo, come l'amazzonite.*

Ematite: *rinforza tutto l'organismo, come l'amazzonite.*

Magnetite: *rinforza il corpo. Sceglietela quando dovete affrontare periodi di sforzo fisico.*

Ossidiana e cristallo di rocca: *queste due pietre insieme aiutano a riconoscere le persone buone da quelle malvagie. Portatele per incontri importanti di lavoro, ma anche per una serata di svago.*

Quarzo rosa: *infonde disponibilità a dare amore, combatte il malumore.*

Rubino: *stimola il corpo e aiuta a dissolvere la debolezza. Sceglietelo se vi sentite scarichi: vi aiuterà a ricaricare le batterie.*

Smeraldo: *è la pietra della tranquillità; dissolve il malumore. Ha effetti analoghi a quelli del quarzo rosa.*

Turchese: *ha azione tonificante sul corpo in generale; apporta felicità e fortuna. Indossatela per andare a una festa o in vacanza.*

Zircone: *protegge il viaggiatore.*

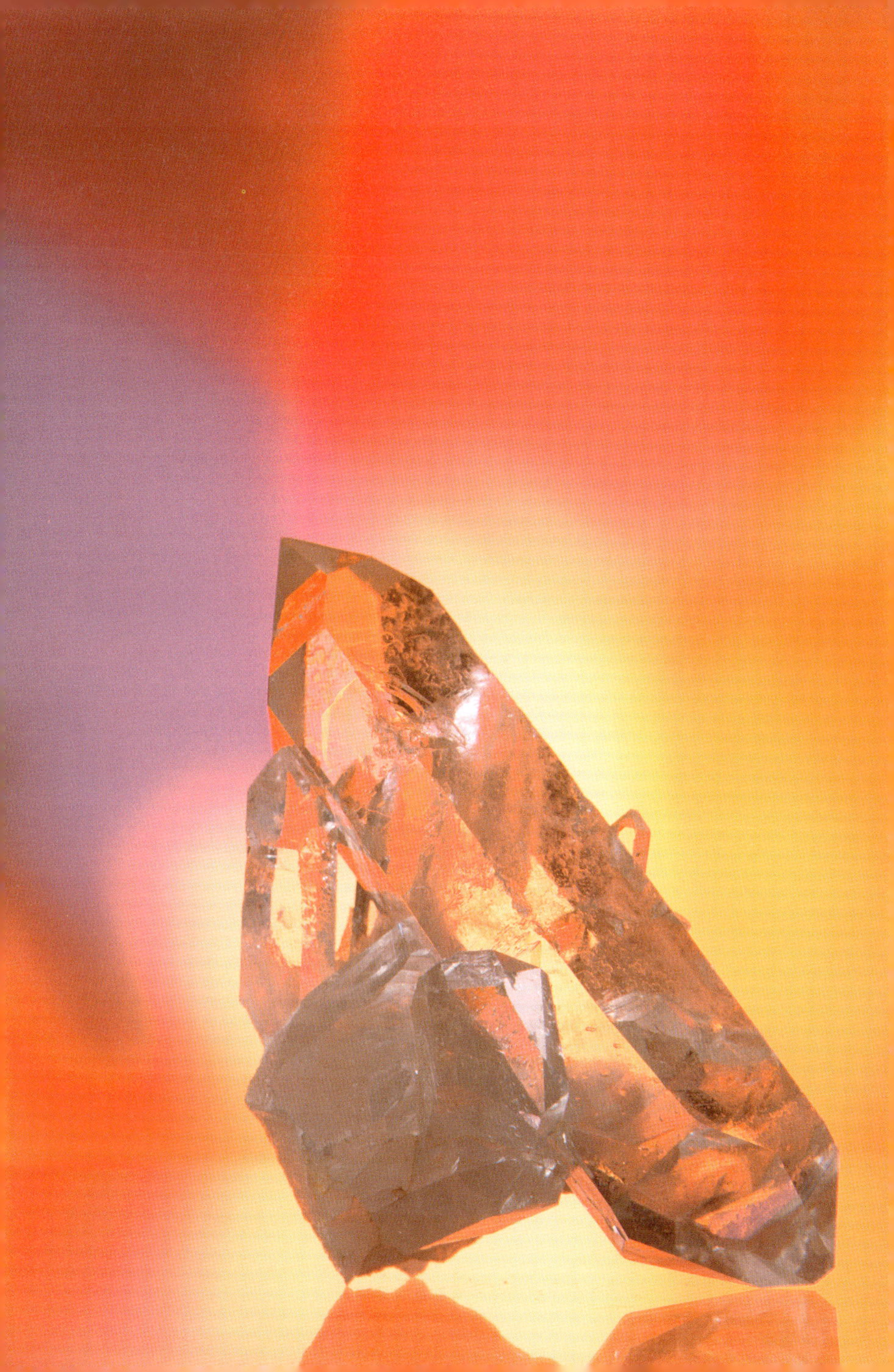

Percezione tattile e uditiva

Esercitandoci nella lettura dell'aura si scoprirà che, gradualmente, tutti i nostri sensi si affineranno e cominceremo a cogliere i messaggi e i segnali del corpo energetico delle persone che si trovano di fronte a noi.

Anche nel caso della percezione non visiva occorre evitare di essere mossi dalla ricerca di successo personale o da pura curiosità: dovrà essere, invece, il desiderio di curare il prossimo e di promuoverne il benessere a motivare l'azione del terapeuta.

Preliminari

Per effettuare correttamente le letture eteriche non visive l'osservatore deve dapprima capire esattamente come circola in se stesso l'energia vitale. Innanzitutto chi voglia cimentarsi in questo esercizio farà bene ad abbigliarsi in modo da essere a proprio agio, e perciò potrà togliersi quanto può distorcere la percezione dei corpi sottili, ossia orologi, gioielli, occhiali e anche le scarpe, per permettere una maggiore contatto del corpo con le forze della terra. A questo punto bisogna assumere una posizione confortevole: le più adatte, in genere, sono quelle adottate nello yoga, come la posizione del loto oppure quella in cui ci si siede sui talloni con le ginocchia poggiate

a terra. Nella posizione prescelta si dovranno congiungere le mani verso l'alto con le braccia distese sopra il capo, sfregarle fra loro un paio di volte e quindi appoggiarle sulle ginocchia con le palme rivolte all'insù. In questo modo si caricherà e aprirà il settimo chakra e si percepiranno, sulle palme delle mani, sensazioni particolari. Queste potranno essere di varia natura a seconda della sensibilità soggettiva: formicolio, calore, freschezza. Si potrà, a questo punto, memorizzare la natura della sensazione e il punto della mano in cui si manifesta.
È ovvio che non bisogna assolutamente sforzarsi di percepire qualcosa a tutti i costi perché in questo modo si finirebbe davvero per non sen-

Seduti nella posizione del loto, impariamo a percepire l'energia sui palmi delle nostre mani.

tire nulla; occorre, invece, adottare gli stessi atteggiamenti descritti per la percezione visiva.

Un secondo esercizio preliminare prevede la presenza di un "collaboratore". Questi dovrà semplicemente distendersi prono in modo da rendere più agevole la percezione del canale energetico che scorre lungo la spina dorsale e dei chakra. La prima cosa da fare è sintonizzarsi con il ritmo aurico del paziente: le pulsazioni del campo vitale sono differenti da individuo a individuo, occorre dunque che il terapeuta e il paziente abbiano lo stesso ritmo per una corretta percezione. In pratica si pone una mano sul polso del soggetto e l'altra lungo il fianco con il palmo rivolto verso l'alto. Successivamente si incomincia a respirare allo stesso ritmo del collaboratore fino a sentirsi in completa comunione con lui.

Compiuta la sincronizzazione, si individuerà il livello energetico ottimale del paziente con cui entrare in contatto. L'operazione consisterà nel porre la mano maggiormente sensibile in corrispondenza di un chakra del soggetto e nel compiere movimenti verso l'alto e il basso a qualche centimetro da esso.

L'individuazione del livello più adatto avrà luogo, ancora una volta, grazie alla sensazione provata con la percezione della propria forza vitale (formicolio, calore, freschezza). Una volta scoperto il livello energetico ottimale su cui operare, si può far scorrere la mano lungo la spina dorsale per entrare in contatto con i chakra. Se si compiono osservazioni su soggetti differenti, si noterà che le posizioni dei centri energetici possono variare leggermente, soprattutto quelle dei chakra estremi (il primo e il settimo). Per l'interpretazione delle percezioni non vi sono indicazioni perentorie e univoche in quanto ognuno ha una diversa sensibilità e ognuno proverà sensazioni leggermente diverse

di fronte a uno stesso fenomeno. Perciò si possono tracciare solamente linee generali di interpretazione: il formicolio, così come il calore, è segno di un cattivo funzionamento della parte analizzata.
Può succedere, però, che si sentano a livello eterico i chakra emanare calore. In questo caso è necessario constatare se presentino tutti lo stesso fenomeno o se sia caratteristica di uno in particolare. Qualora sia vera la seconda ipotesi, si potrà parlare di disfunzione, altrimenti si tratterà di una particolare percezione dei chakra. La sensazione di freschezza è di più facile interpretazione perché è indice di equilibrio e di buon funzionamento della zona che la emana, dato che anche il flusso pranico viene percepito come una corrente di aria fresca.

Palpazione eterica

La palpazione eterica avviene non soltanto mediante la percezione dei chakra o della colonna energetica, ma dell'intera aura del soggetto. Anche in questo caso non vi sono metodologie precise e univoche, ma il procedimento si dovrà adattare alla propria sensibilità. In generale, comunque, si avvicinerà la mano "sensibile" al corpo fisico fino a pochi centimetri dalla pelle in prossimità di un punto molto attivo. In quel momento bisognerà riuscire davvero a palpare l'aura, cioè a captare il suo spessore, la sua consistenza. La sensazione provata sarà simile a quella sentita toccando la schiuma del sapone.
Con l'esercizio si sentiranno le differenze presenti nell'aura eterica in corrispondenza delle parti fisiche. Se l'esercizio è svolto correttamente, senza voler sentire qualcosa a tutti i costi, ma facendosi guidare dalla coscienza superiore, la mano si sposterà sul corpo del paziente in modo automatico. La palpazione eterica, in ogni caso, for-

nisce solo un'informazione generale dello stato di salute del soggetto. Essa ben difficilmente, infatti, permette di capire su che piano abbia avuto origine un determinato disturbo, mentre è indicativa per avvertire se vi sia una disarmonia che produce danni a livello fisico.

Percezione uditiva

Nella percezione dell'aura non si deve pensare che le sole manifestazioni cui essa dà luogo si svolgano a livello visivo e tattile, infatti è possibile udire concretamente le radiazioni di un soggetto. Se l'organismo, però, è minato da qualche malattia, la percezione uditiva superiore registrerà una "stonatura". In definitiva, ogni organo pro-

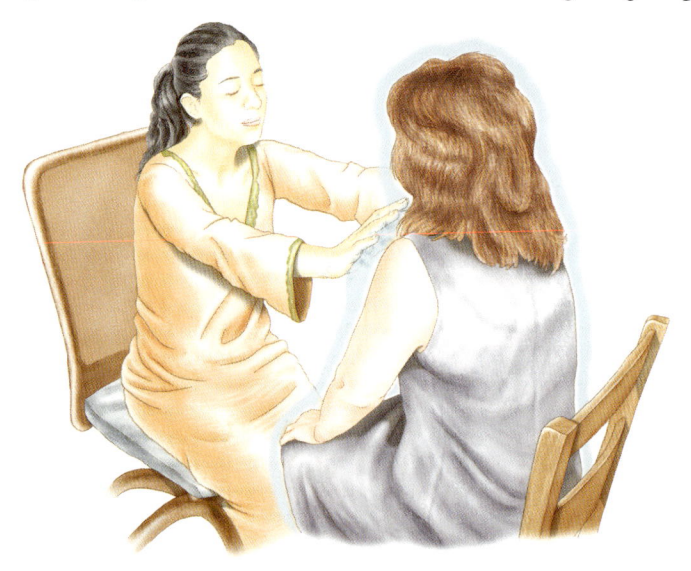

La terapeuta sta palpando l'aura della paziente a livello eterico. Seduti, si passano le mani a pochi centimetri dal corpo fisico della persona: si avvertirà una consistenza, uno spessore. La sensazione provata sarà simile alla schiuma del sapone.

duce un suono, e tutti i suoni, sommati tra di loro, danno vita a una melodia, la quale può venire distorta da una disfunzione. Per esempio, il terapeuta può captare il suono molto stridulo emesso dal pancreas di un paziente affetto da diabete contemporaneamente con la visione di un vortice grigio cupo nella zona. I due messaggi consentono di capire la natura della malattia che colpisce il paziente.
È ovvio che percepire i suoni è un'operazione non facile per la quale occorre esercitarsi con costanza in modo da estraniarsi dall'ascolto dei propri pensieri e dedicarsi totalmente all'auscultazione del soggetto. Inoltre, non bisogna sforzarsi di captare i suoni, ma è bene far sì che entrino naturalmente nel campo sensoriale. Va da sé che una terapia aurica completa prevederà una cura che dovrà essere effettuata sia per mezzo della luce che per mezzo del suono.

> *Il ricercatore spontaneamente si renderà conto della quantità di vibrazioni che tutti emanano di continuo senza neanche accorgersene, saprà chi è e da dove viene la persona che ha di fronte (un aspetto impeccabile non ha il più delle volte niente a che vedere con la piccola realtà vibrante che sta dietro). Allora i suoi rapporti col mondo diverranno chiari, capirà perchè prova certe simpatie e certe antipatie, certi timori o malesseri e potrà mettere così ordine nelle proprie reazioni, rettificarle: accettare le vibrazioni che sono di aiuto, rifiutare quelle che intorbidano, neutralizzare quelle che vengono per nuocere. Se invece di rispondere alla vibrazione in arrivo resterà nella più assoluta immobilità interiore, vedrà quell'immobilità dissolvere le vibrazioni; come se fosse circondato da una distesa di neve dove urti e colpi sprofondano.*
>
> Satprem

Terapie sull'aura

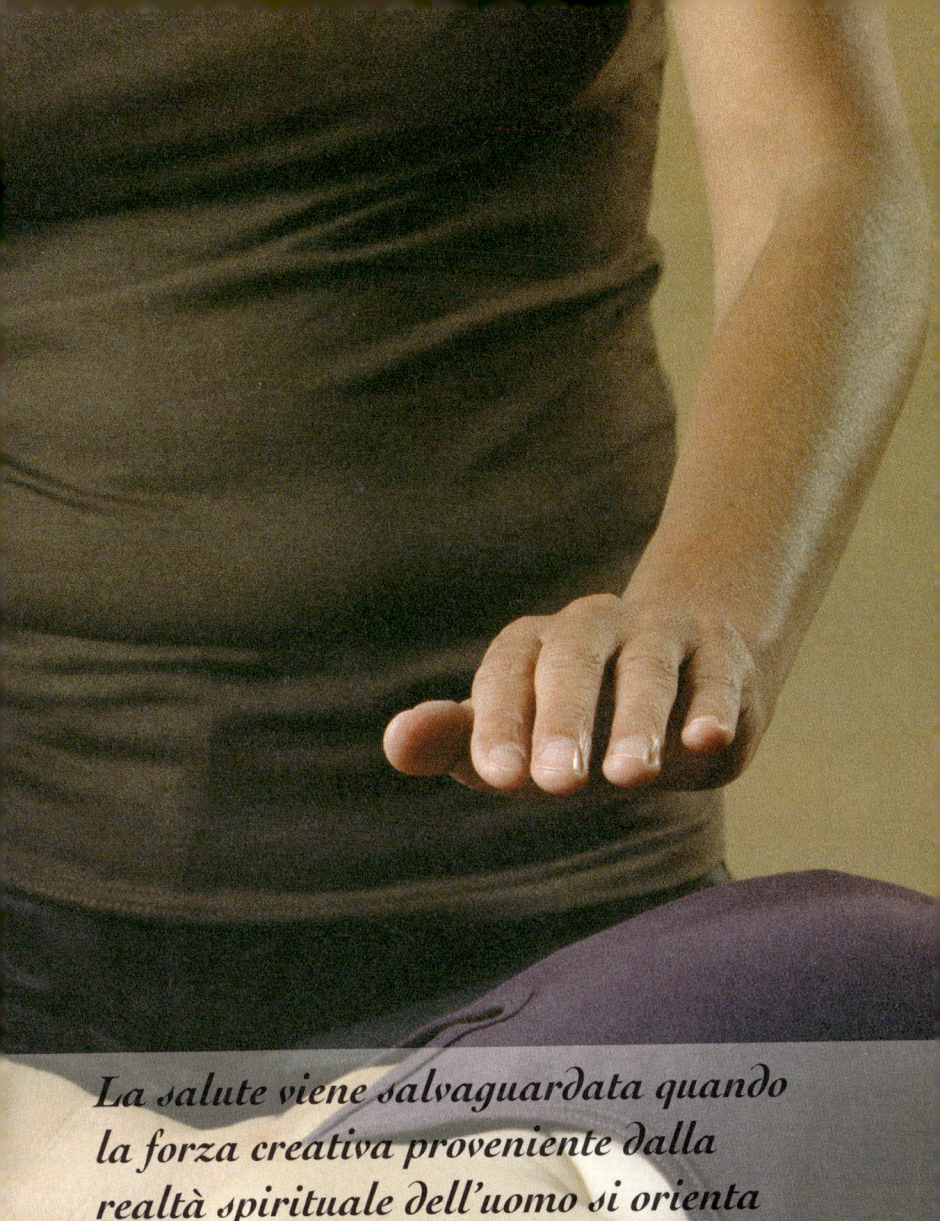

La salute viene salvaguardata quando la forza creativa proveniente dalla realtà spirituale dell'uomo si orienta secondo la legge cosmica universale.
   Barbara Ann Brennan

Curare
il campo energetico

Una volta visualizzata e letta l'aura di una persona, è possibile intervenire per guarire o riequilibrare i chakra, le ferite eteriche, gli addensamenti di emozioni o i traumi che bloccano l'energia.

Per riequilibrare il campo aurico di un paziente esistono diversi metodi, i più noti dei quali si basano sull'utilizzo della luce e del suono, due elementi noti, fin dalla notte dei tempi, nelle terapie energetiche.

Cura con la luce

Vi sono diverse tecniche che sfruttano la luce a fini terapeutici, ma il concetto fondamentale su cui esse si basano è lo stesso: il terapeuta deve svolgere la funzione di canale fra le forze trascendenti (l'energia cosmica) e il paziente. Perciò è importante essere in grado di palpare l'aura eterica per entrare in contatto con il campo vitale del soggetto.

Il metodo dell'estrazione eterica consiste nell'estrazione dell'organo o della parte del corpo malato dalle radiazioni sottili per poterlo curare. In pratica, si tratta di aspirare l'organo eterico al di fuori della sua sede naturale attraverso l'uso delle proprie mani eteriche. Dapprima si deve creare il contatto e sentire la parte disarmonica (il

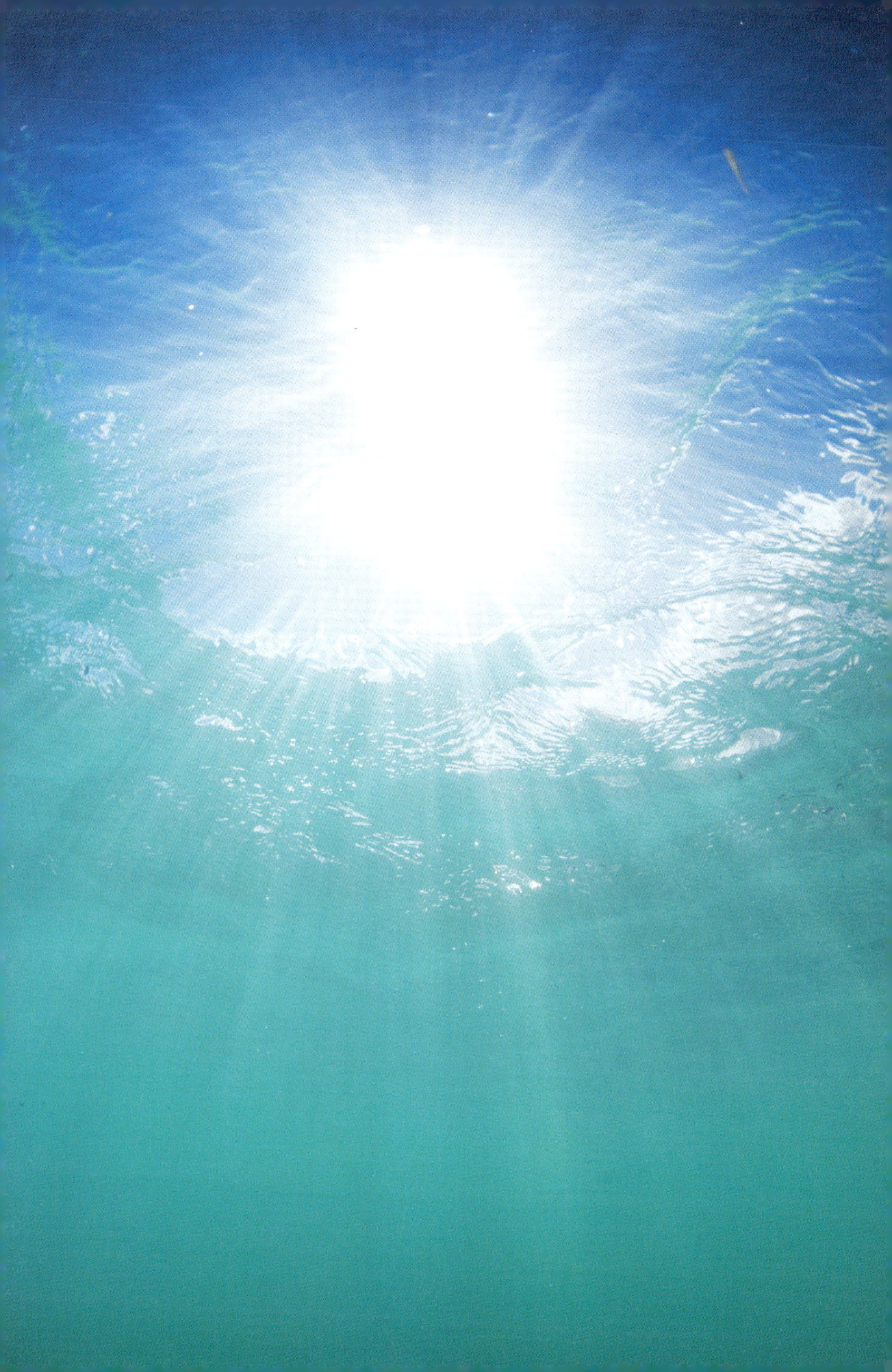

metodo è quello usato per la palpazione eterica), poi con la mano occorrerà compiere dei piccoli movimenti dal basso verso l'alto affinché l'organo esca dalla sua sede di qualche centimetro. Bisogna che la coscienza sia libera da qualsiasi pensiero per permettere all'energia universale di penetrare nel settimo chakra, di raggiungere quello del cuore – ponte fra il livello spirituale e quello materiale – e infine, attraverso il proprio braccio, di penetrare nella sede ormai vuota dell'organo da curare. In questo modo il terapeuta diventa un vero e proprio canale, il cui solo merito è quello di far da "ponte" fra il paziente e

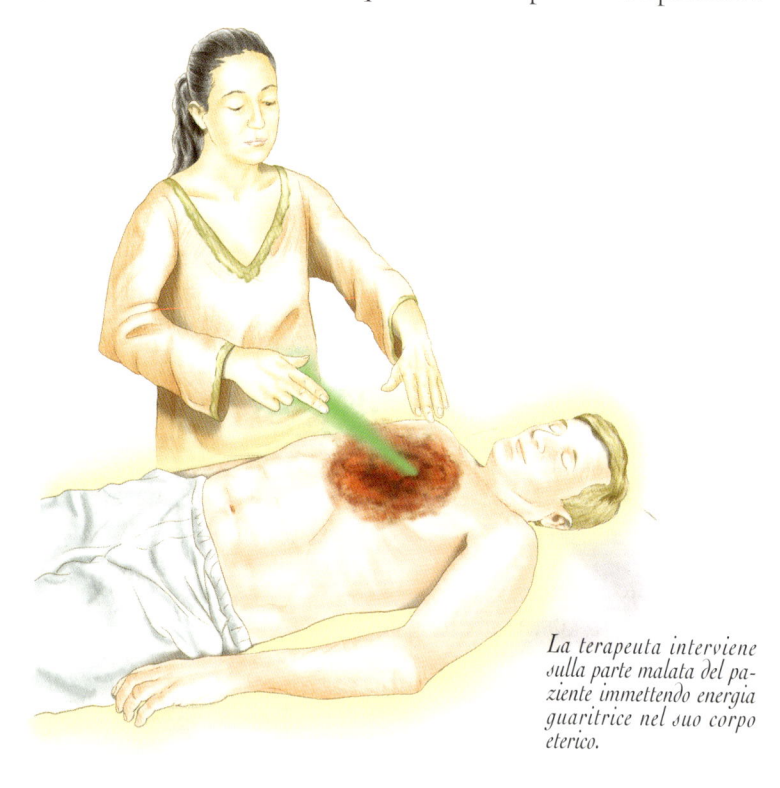

La terapeuta interviene sulla parte malata del paziente immettendo energia guaritrice nel suo corpo eterico.

le forze cosmiche. Terminato il riempimento dello spazio eterico con la luce, l'organo torna nella sua posizione, pronto alla guarigione. Vi è solo un'avvertenza, seppur importante, che è bene osservare nel corso di questa operazione: non bisogna mai "operare" la testa o il cuore.

Un secondo metodo di cura attraverso la luce consiste nel praticare una breccia nel corpo eterico del paziente in corrispondenza della parte malata e, attraverso questa, immettere energia vitale. L'operazione viene eseguita con la punta delle dita o, più precisamente, con i prolungamenti eterei di esse. In primo luogo, occorre creare un rigonfiamento eterico presso la zona da curare e ciò si ottiene sfregando la cute del soggetto per alcuni secondi; immediatamente la leggera irritazione si manifesterà a livello eterico sotto forma di gonfiore. Quindi si aprirà un varco "strappando" l'aura in corrispondenza del turgore. Nell'apertura saranno introdotti pollice, indice e medio; le dita immetteranno il fascio di luce, che verrà generalmente percepito di colore verde, la tonalità delle facoltà terapeutiche.

Si dovrà infine "suturare" la ferita eterica chiudendo i labbri e decongestionando la zona con movimenti lungo l'asse verticale del corpo. Questo metodo non va praticato nel caso di fratture o infiammazioni.

Cura con il suono

Se ai colori dell'aura corrispondono dei suoni precisi, questi, a loro volta, producono colori che esercitano effetti benefici su tutto il campo energetico umano.

Il suono è particolarmente utile per caricare e riequilibrare i chakra ai quali si abbina una nota musicale. Per applicare la terapia si emette il suono a pochi centimetri dal chakra o dalla zona interessata. Se nello stesso tempo si percepiscono anche i colori dell'aura, si noterà che al tono giusto il chakra ruota correttamente in maniera uniforme e il suo colore diventa più vivido. Si può intervenire anche sugli organi e sull'ossatura con la stessa tecnica utilizzata per i chakra. A qualche centimetro dall'organo sottoposto a terapia si emette il suono e si controlla il suo effetto attraverso la percezione visiva per capire quale tono sia più appropriato. Gli effetti più comuni sono l'aumento di afflusso energetico o l'eliminazione delle scorie eteriche. Può accadere che l'uso del suono nella terapia non sia gradito al paziente e che lo metta a disagio creando una barriera fra i campi energetici. Qualora vi sia un dubbio, è più opportuno evitare tale terapia.

Rapporto fra chakra, colori e note musicali, da *Luce emergente* di B. A. Brennan		
Chakra	Colore (2° livello)	Nota musicale
1°	Rosso	Sol (chiave di basso)
2°	Arancione	Re
3°	Giallo	Fa
4°	Verde	Sol
5°	Azzurro	La
6°	Indaco	Re
7°	Bianco	Sol

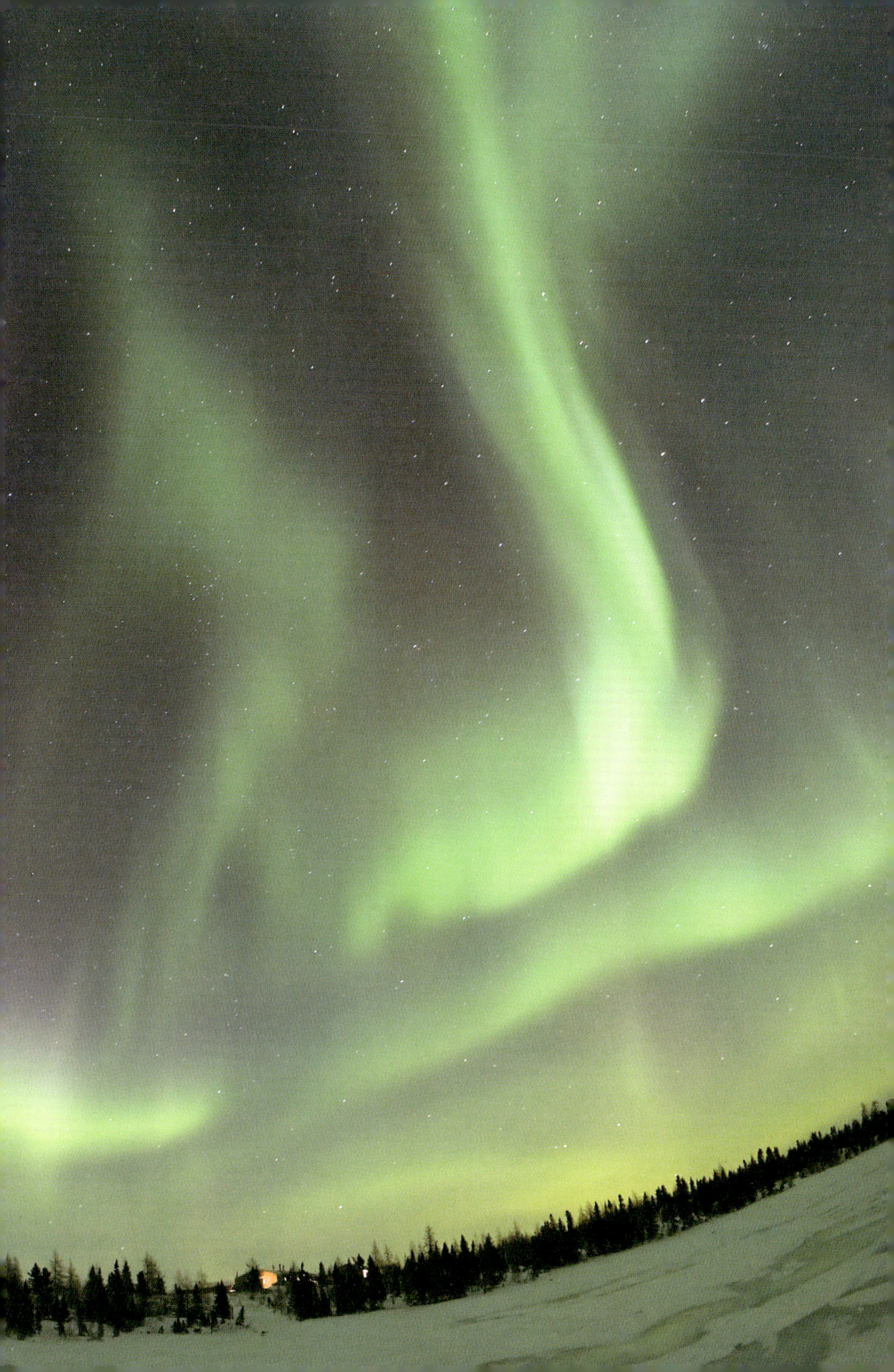

Misurare l'aura: energy scanner

Recentemente è stato messo a punto un metodo di misurazione dell'energia aurica escogitato dallo psicologo catalano Xavier Rosique: l'apparecchiatura da lui ideata ha reso possibile fotografare l'aura.

Partendo dai risultati raggiunti negli anni Trenta dai coniugi Kirlian (poi approfonditi da Thelma Moss negli Stati Uniti, negli anni Sessanta), il dottor Rosique progettò e costruì, nel 1989, una versione perfezionata dell'apparecchiatura con cui era stato possibile in passato fotografare l'energia aurica. Gli strumenti messi a punto dallo studioso catalano consentono di raggiungere due risultati assai importanti: in primo luogo captano in tempo reale il campo energetico; inoltre fanno sì che questo impressioni direttamente la carta fotografica senza il supporto di camere oscure.

Nel 1991 Rosique costruì un prototipo capace di individuare sei livelli di vibrazione energetica. L'aspetto rivoluzionario di questa macchina consiste nel fatto che essa permette di attribuire una colorazione a ogni livello, o fascia vibratoria, offrendone poi una visualizzazione mediante un qualsiasi supporto televisivo o informatico. La misurazione del campo energetico umano è ottenuta attraverso l'analisi delle diverse vibrazioni. Queste ultime, infatti, danno vita a sequenze diverse da individuo a individuo (non ne esistono due uguali) a seconda della forma, dell'ampiezza, dell'intensità e del numero delle fasce vibratorie. L'insieme di queste misurazioni offrirà una sorta di immagine "scannerizzata" dell'energia aurica, sicché questa potrà essere seguita "in tempo reale", consentendo al terapeuta di controllare i cambiamenti a breve e lunga scadenza delle quattro fondamentali variabili del campo energetico (colore, intensità, forma e relazione tra i colori).

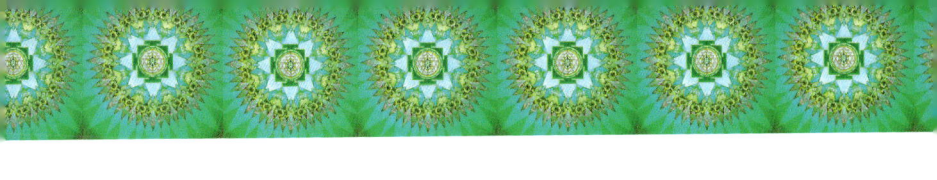

Nel triennio 1992-95, questo prototipo è stato ampiamente utilizzato (circa 3500 fotografie), dando risultati che il dottor Rosique giudica assai soddisfacenti. Per consentire al lettore di comprendere meglio quali informazioni si possano trarre da tale metodo e quali "codici" sia necessario possedere per interpretarle, riporteremo due fotografie realmente scattate e ne offriremo una chiave di lettura.

> *Se diventiamo consapevoli della coscienza interiore, possiamo fare quello che vogliamo: proiettarla al di fuori come una corrente di forza, erigere un baluardo di coscienza intorno a noi, mandare un'idea in testa a qualcuno magari in America ecc. Per di più la Forza non è concreta e tangibile solo nei suoi risultati, ma anche nei suoi movimenti. Quando parlo di una Forza-Potere che viene sentita, non mi riferisco a un vago sentore, ma a un percepirla concretamente; intendo dire cioè essere capaci di dirigerla, usarla, sorvegliarne i movimenti; essere coscienti della sua massa e della sua intensità e, analogamente, delle altre forze che vi si oppongono.*
>
> Sri Aurobindo

A) Questa figura corrisponde a una fotografia scattata a una ragazza di dodici anni, in piena fase puberale. La ridotta ampiezza del campo energetico è un chiaro sintomo della diminuzione dell'energia generale dovuta al delicato periodo di trasformazione psicofisica del soggetto. Si noti anche la differenza di spessore tra il lato destro e quello sinistro, segno di squilibrio nella circolazione energetica. L'azzurro e il verde hanno quasi la stessa intensità, il che denota scarsa fluidità energetica e quindi, sul piano psicologico, insufficiente autostima ed eccesso di emotività.

La forma più curva all'interno e più squadrata all'esterno mostra mancanza di integrazione tra il mondo emotivo e quello mentale. La stretta fascia di giallo, di tonalità intensa, segnala il lavoro dell'energia immunologica o curativa. Il rosso definisce una mentalità aperta, ma la sua unione con il giallo rivela la presenza di un leggero stress. Il rosa intenso è indizio di difficoltà nelle relazioni interpersonali. L'apertura energetica in prossimità del lato sinistro del capo è sintomo di creatività non ancora completamente realizzata. Infine, il movimento che si può percepire nella fascia di destra denota disorganizzazione pratica e nervosismo. L'insieme dei dati offertici dalla fotografia delinea un quadro generale di carenza energetica dovuta al lavoro cui l'organismo è sottoposto in conseguenza della trasformazione psicofisica propria dell'età puberale, come è stato in precedenza accennato.

B) Questa figura ritrae un uomo di quarantadue anni. L'abbondante apertura del campo aurico attorno alla testa e sui lati è indice di una fervida immaginazione e di creatività. L'azzurro intenso rivela riservatezza e discrezione. Il verde mostra una profonda sofferenza a livello emotivo nel passato, mentre lo schiarimento verso l'alto testimonia che il soggetto ha superato in pieno quel momento difficile. La persona è sana e possiede buona capacità di reazione di fronte a problemi psicosomatici; inoltre essa si rivela abile nell'evitarli (ampiezza del giallo). La sua energia immunologica è sottoposta a un duro lavoro (intensità del giallo), probabilmente perché l'organismo deve difendersi dagli effetti negativi del fumo. Il rosa carico è spia di altruismo, di apertura mentale e di versatilità; l'ampiezza della fascia rossa attesta che il soggetto è dotato di rapide ed efficaci intuizioni. Il quadro generale è positivo, come appare dall'ampiezza del campo energetico, superiore alla media.

In conclusione, le ricerche del dottor Rosique costituiscono un progresso di assoluta rilevanza in questo settore di studi, poiché, confermando pienamente quanto sapevamo sul campo aurico, forniscono uno strumento di indagine "oggettivo", cioè non dipendente dalle impressioni e dalle interpretazioni del singolo "veggente". Al tempo stesso, la strumentazione messa a punto dallo studioso, consentendo di vedere l'aura con gli occhi, oltre che con la mente, apre teoricamente a tutti la possibilità di osservare e studiare questo particolare tipo di energia.
Sarà dunque più facile, in futuro, conoscere il nostro stato psicofisico e mettere in atto un'efficace attività di prevenzione per difendere la nostra salute e migliorare la qualità della vita.

Bibliografia

Douglas Baker, *L'aura umana*, Crisalide, 1994.

Barbara Ann Brennan, *Mani di luce*, Longanesi, 1991.

Barbara Ann Brennan, *Luce emergente*, Longanesi, 1994.

Anne e Daniel Meurois-Givaudan, *Le vesti di luce*, Edizioni Amrita, 1988.

Martin Brofman, *Guarire con il sistema corpo specchio*, Tea, 2001.

Vicky Wall, *Guarire con i colori*, Edizioni Mediterranee, 1999.

Satprem, *L'agenda di Mère*, Edizioni Mediterranee, 1990.

Referenze fotografiche:

Grazia Neri: © Garion Hutchings/Science Photo Library p. 1; Garion Hutchings/Science Photo Library p. 15; Alfred Pasieka/Science Photo Library p. 18; Booth/Garion/Science Photo Library p. 29; © Garion Hutchings/Science Photo Library p. 75.

Corbis: © Lawrence Manning p. 9; © Paul Edmondson p. 11; © Ashley Cooper p. 13; © Ric Ergenbright p. 17; © Kiyoshi Miyauchi/amanaimages p. 21; © moodboard p. 32; © Jeff Vanuga p. 37; © John Lund/Blend Images p. 45; © Frank Ebeling/zefa p. 49; © Bloomimage p. 54; © Sanford/Agliolo p. 57; © moodboard p. 65; © Bloomimage p. 70; © Gerrit Greve p. 97; © James L. Amos p. 101; © Masaru Ito/amanaimages p. 107; © Emely/zefa p. 114; © Mark A. Johnson p. 117; © Frank Lukasseck p. 121.

Nasa: © Nasa, Esa, T. Megeath (University of Toledo) and M. Robberto (STSCI) p. 6; © Nasa/Esa/Aura/Caltech p. 60; © Nasa, Esa, and The Hubble Heritage Team (STSCI/Aura) p. 81; © Nasa, Esa, the Hubble Heritage (STSCI/Aura)-Esa/Hubble Collaboration, and W. Keel (University of Alabama, Tuscaloosa) p. 85.

Disegni: Archivio Giunti/Martina Girardi pp. 40, 41, 42, 43; Archivio Giunti/ © Canaltype, Firenze pp. 59, 62, 67, 68, 73, 76, 77, 88, 89, 90, 92, 93, 94, 96, 98, 105, 109, 112.

Dove altrimenti non indicato, le immagini appartengono all'Archivio Giunti.

L'editore si dichiara disponibile a regolare eventuali spettanze per quelle immagini di cui non sia stato possibile reperire la fonte.